DU LANGAGE

EN GÉNÉRAL

ET

DE LA LANGUE FRANÇAISE

EN PARTICULIER

DU LANGAGE

EN GÉNÉRAL

ET

DE LA LANGUE FRANÇAISE

EN PARTICULIER

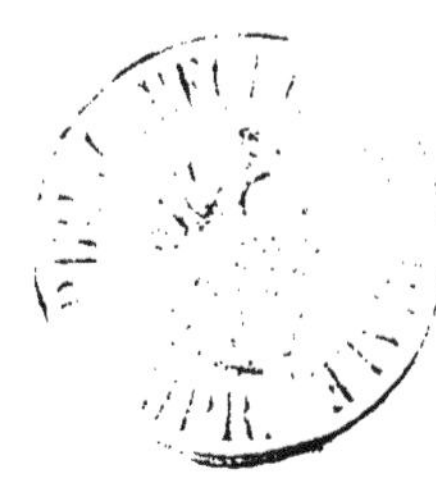

Par E.-H. R., ancien notaire.

Respect à la vérité !

PARIS

IMPRIMERIE DE L. MARTINET,

RUE MIGNON, 2.

1859

TABLE DES MATIÈRES.

PRÉFACE.

Le langage est-il chose bien connue ?

Cette question, qui étonnera peut-être, l'auteur la tranche par la négative, et il croit pouvoir ajouter que les mœurs sociales, bien éloignées de leur perfection, ne tarderaient pas à s'améliorer, si la connaissance approfondie du langage venait à se généraliser.

Vulgariser cette connaissance, telle est la tendance de cet opuscule, qui ne fait, à vrai dire, que restituer au verbe son véritable rôle, et qui néanmoins pourrait, par cela seul, amener un changement radical dans le système général d'éducation, ou du moins dans le mode d'instruction primaire.

La ponctuation, en ce qui concerne notre langue, est venue y revendiquer une place, ainsi que l'ordre universel dans l'une de ses applications à notre espèce.

Et c'est là tout ce que l'on s'est proposé d'élucider, œuvre, du reste, assez vaste encore, et qui aurait demandé une plume moins inexpérimentée.

Mais si, malgré de très grands efforts, qu'il ne craint pas d'avouer, l'auteur n'a pas mieux fait, il s'en console par l'espoir de voir, un jour, son informe ébauche acquérir, dans d'autres mains, le degré de perfectionnement auquel elle a droit.

P. S. — Accusé sans doute de l'avoir pris de trop haut, l'auteur répondra, de bonne foi, par ces mots : feu sacré, vocation ; et si l'on objecte que son style ne le justifie pas sur ce point, il dira, avec la même bonne foi, que lui aussi le pense ; mais qu'il n'en croit pas moins à la découverte de quelque chose de neuf et de vrai en même temps : et si cela est exact, même dans une mesure restreinte, il doit trouver là une suffisante justification, par la raison que déjà bien des têtes pensantes ont passé sur la terre, — avec une population permanente d'un milliard d'individus et une vie moyenne de quarante ans.

DU LANGAGE

EN GÉNÉRAL

ET

DE LA LANGUE FRANÇAISE

EN PARTICULIER.

INTRODUCTION.

Dominer son sujet est d'obligation stricte pour tout écrivain.

Dans notre introduction, nous allons, par la pensée, nous séparer de notre globe, afin de mieux voir ce qui s'y passe, comme relations sociales et principalement comme langage, c'est-à-dire pour embrasser d'un seul coup d'œil l'histoire générale de l'humanité.

La terre, en tournant, nous montre l'espèce humaine active, remuante ; soumise à un ordre que de grandes commotions viennent parfois partiellement troubler, et en fréquentes communications de pensées, d'individu à individu, dans des langages variés, en attendant une langue universellement parlée, dont probablement l'avénement tardera beaucoup.

Un milliard d'individus successivement renouvelés : voilà, à perpétuité, la grande famille humaine ; existence moyenne, quarante ans environ : voici le lot de l'homme ; temps assurément fort court, et dont l'emploi ne saurait être trop judicieux.

Notre espèce se divise d'abord en deux fractions naturelles et égales sous le nom de sexes; puis en fractions conventionnelles ou sociales sous le nom de peuples ou nations.

Les grandes associations politiques (et il en est de même des formes variées du langage) sont en effet le résultat d'autant de conventions générales, plus ou moins étendues, couronnées par la convention universelle dont nous allons parler.

L'homme a des besoins qu'il tient de la nature; il en est d'autres qu'il s'est créés lui-même. La terre et l'homme, de concert et séparément, produisent tout ce qui est nécessaire à la satisfaction de ces divers besoins, et un signe a été créé qui, sous la forme générale d'échange, peut faire arriver toutes choses aux mains de chacun, du moins dans la mesure du signe possédé : ce qui donne à la monnaie son caractère de convention universelle.

Pour l'établissement de ce qui est convention, ou plutôt pour la vie sociale, l'ordre qui régit l''univers a donné à l'homme quatre facultés : la *conscience*, l'*intelligence*, la *liberté*, et la *volonté*.

— La *conscience*, faculté pour ainsi dire innée et uniforme de juste appréciation en fait d'ordre moral.

— L'*intelligence*, faculté de comprendre et de raisonner, acquérable à divers degrés et diversement distribuée, et qui a, dans la mémoire, sa base principale ou plutôt sa base unique. (Qu'arriverait-il, en effet, si la mémoire faisait complétement défaut chez l'homme? Alors les sensations de l'ouïe, ou plutôt toutes les sensations, n'étant plus qu'instantanées, c'est-à-dire ne laissant point de traces, ne pouvant plus exister à l'état de souvenirs, les mots constitutifs des langues n'auraient plus leur raison d'être; et de là, pour l'homme, impossibilité, même de raisonnements intérieurs; de là, *à fortiori*, impossibilité de communications extérieures; de là, enfin, impossibilité de vie sociale : ce qui implique une grave question, au point de vue de la dualité de nature chez l'homme.)

— La *liberté*, faculté raisonnante ou instinctive de préférer une chose à une autre; d'agir d'une façon plutôt que d'une autre.

— La *volonté*, faculté exclusivement raisonnante de seconder dans les limites du possible le choix de la liberté ou de le contrecarrer.

Les peuples existent comme peuples, soit par l'effet d'une volonté unique, dirigée par une grande intelligence et appuyée sur la force ; soit par l'accord de volontés collectives, résumé sous le nom de constitutions, et, maintenant que toutes les nations sont constituées, c'est en vertu d'adhésions tacites (quand elles ne sont pas formelles) résultant du choix d'une demeure dans les limites de leur territoire respectif.

Chez un peuple, l'ordre est chose nécessaire, indispensable : le règne de l'ordre social repose sur des conventions générales appelées lois, et résultant de l'accord sinon unanime, du moins prépondérant, de volontés consultées. Les lois sont : ou des limites imposées aux volontés individuelles par la volonté générale, ou des échos généraux de la conscience, échos souvent infidèles, à vrai dire.

(Si l'ordre social était celui qu'implique l'ordre universel, constitutions et lois disparaîtraient de la scène du monde ; alors, en effet, l'espèce humaine formerait une seule et même famille ; puis, chacun travaillant dans l'intérêt de tous suivant la nature et dans la mesure de ses facultés, et les efforts individuels étant ainsi tournés tous vers le bonheur général, universel, ce résultat ne pourrait pas ne pas être obtenu, et là serait, chez notre espèce, la réalisation de l'ordre dans son objet capital.)

Dans l'état de choses actuel, les forces sociales, au lieu de se concentrer vers ce but commun, sont disséminées, éparpillées au profit de l'égoïsme individuel, d'où ce résultat exprimé avec vérité par un poëte, que la vie est semée de plus de peines que de plaisirs.

L'ordre est aussi chose nécessaire dans le langage, qui, à cet effet, repose sur deux grandes bases : la logique et la ponctuation. C'est-à-dire que la logique est le développement de l'ordre universel dans son application à l'espèce humaine ; que la grammaire, qui est comme le vestibule de la logique, procède par voie de dissection à l'égard du langage, et que la ponctuation, pour en déterminer toute la clarté, marque cette dissection et règle en même temps la marche et le ton de la parole pour la lecture à haute voix. (Les codes actuels du langage : — Dictionnaires et Grammaires, — offrent beaucoup de défectuosités, les grammaires surtout.)

L'homme est né pour l'état de société, et il vit entouré d'une foule de choses, d'individualités par lesquelles il est différemment affecté, au moyen des sens dont l'a doué la nature. Il possède de plus, et la faculté de produire des sons de voix variés, et la faculté d'inventer, c'est-à-dire de créer, dans certaine mesure. Or, il a, par invention, attaché à ses sons de voix un sens, une signification arrêtée, déterminée, ou plutôt, à deux et à titre de convention, ils ont trouvé, par là, le moyen de reproduire, pour ainsi dire, à l'aide de la mémoire, les choses, les individualités absentes, et ces conventions, généralement admises, ont formé les bases du langage, l'objet des dictionnaires ; puis sont intervenues les grammaires pour régler, organiser chaque langue.

Quel est en effet le but, l'objet général du langage? C'est de mettre, par la parole, ou mieux par l'imprimerie (les traductions aidant, à défaut d'une langue universelle), chaque membre de l'espèce humaine, ou plutôt l'espèce humaine tout entière, en rapport avec tout ce qui existe, du domaine de l'homme, — et avec ce qui a existé dans le passé, ainsi qu'avec une partie de l'avenir.

De quoi se compose le langage? De narrations et de déductions ; puis de ponctuation pour le langage écrit. La ponctuation, nous l'avons déjà dit, donne au langage écrit toute sa clarté, et la lecture à haute voix en tire son caractère musical : le langage parlé est en effet une véritable musique, ainsi que le démontrent même les plus simples conversations. La ponctuation peut être ainsi considérée comme l'une des bases de la logique et comme l'âme du langage.

Et qu'est-ce que le langage en lui-même?

Le langage est une suite ou réunion de mots portant le nom de phrases; chaque phrase renferme un verbe; chaque verbe exprime une action; chaque action implique un auteur et un objet, et les narrations et discussions, qui ne sont autre chose que des enchaînements de phrases, tournent constamment dans cet unique cercle d'idées: action, auteur, objet, de telle sorte qu'une phrase quelconque comprend seule tout le mécanisme du langage.

La narration est le récit, l'exposé d'un fait quelconque ou de faits se rattachant les uns aux autres, avec des circonstances plus ou moins variées.

La déduction est le développement de l'ordre universel dans son application à notre vie de civilisation, c'est-à-dire que la déduction roule sur ce que l'on appelle principes, ou plutôt sur les conséquences découlant de chaque principe.

Il y a deux sortes de principes: principes généraux ou absolus, et principes particuliers ou relatifs. Les premiers constituent les sciences, et sont des vérités éternelles qui rentrent seules dans le domaine de la déduction proprement dite; les autres sont des types ou étalons servant à des comparaisons entre individus ou choses de même espèce; étalons ou types tacitement admis, pour ainsi dire, et sans précision absolue. C'est ainsi que l'on applique à un individu la qualification de petit ou grand, par allusion à la taille commune ou ordinaire des individus de son espèce, et, dans certains cas, le type, l'étalon disparaît en quelque sorte pour ne laisser subsister que les termes opposés: dur — tendre; bon — mauvais, etc.

La déduction, quant aux principes particuliers, et dans l'ordre soit matériel, soit moral, consiste donc en un simple rapprochement entre une individualité et un type d'une nature homogène, à l'effet de déterminer, soit leur concordance, soit plus ordinairement la différence qui existe entre eux.

Et quant aux principes absolus (ou vérités), qui tous viennent s'absorber dans l'ordre universel, la déduction, on l'a déjà dit, est le développement de l'ordre universel lui-même dans ses diverses applications ; et qu'en résulte-t-il ? C'est que, pour avoir de saines idées en Religion, en Philosophie et en Politique (toute réserve faite à l'égard de ces dénominations qui nous paraissent erronées), il faut remonter jusqu'à la partie capitale de l'univers : l'ordre. Ce principe de morale, par exemple : *Ne fais pas à autrui ce que tu ne voudrais pas que d'autres te fissent*, peut être considéré comme une circonlocution équivalant à ceci : *Ne t'écarte pas de l'ordre.*

Dans une déduction ou discussion scientifique, que se passe-t-il ? On pose d'abord le principe ; puis on tire les conséquences. En médecine, par exemple, le principe à poser est celui-ci : La corruption des humeurs est la cause des maladies, c'est-à-dire occasionne, amène l'état de maladie ; et la conséquence à tirer de ce principe, c'est que, pour guérir un malade, il faut le purger, c'est-à-dire expulser de son corps les matières corrompues. Et qu'y a-t-il là comme langage ? Mouvements exprimés.

D'un autre côté, le mouvement est le fond, l'essence même de toute narration ; et du reste le rôle véritable du verbe (il n'en a pas d'autre), c'est d'indiquer une action, un mouvement quelconque : aussi n'est-il aucune phrase sans un verbe. Le mouvement, l'action, voilà donc bien ce à quoi se réfère principalement, sinon exclusivement, le langage, même alors qu'il s'agit de choses inanimées ou d'idéalités ; et il est facile de s'en convaincre en ouvrant, dans cette idée, le premier livre venu.

Le langage, avons-nous dit, est une convention, offre une convention, pourrait-on dire, comme preuve que le mouvement est sa grande base.

Une convention est une création de l'esprit, une idéalité.

Pour ce qui est du domaine de l'œil, il y a tout à la fois réalité dans la chose désignée et idéalité dans cette désignation (simple convention) ; mais l'idéalité s'absorbe alors dans la réalité, c'est-à-dire que, dans le langage et à l'égard du monde matériel, l'esprit, la mémoire ne s'arrête qu'à la chose désignée : ainsi quand on parle du soleil, le soleil seul frappe la mémoire, l'esprit.

Il en est de même du mouvement des êtres réels, c'est-à-dire que le mouvement, fait fugitif, se présente seul aussi à la mémoire, à l'esprit.

Quant aux consistances et qualités des choses, ou pour ce qui est du domaine des sens autres que l'œil, les manières d'être se désignent par opposition : chaud — froid ; dur — tendre, etc. ; c'est-à-dire que la réalité qui, de même, s'offre seule à l'esprit, à la mémoire, apparaît moins nette que dans ce qui est du domaine de l'œil.

Puis les mouvements et consistances des êtres réels s'individualisent pour ainsi dire : un saut, la chaleur, etc. ; mais cette espèce d'individualisation ne nous frappe ni nettement, ni vivement.

Quant au monde intellectuel, le mot ou la désignation frappe, pour ainsi dire, plus que la chose.

Le monde matériel, ou saisissable par les sens, est considérable dans ses individualités, mouvements et consistances.

Le monde intellectuel, ou du domaine de l'esprit, est considérable aussi comme individualités, mouvements et consistances.

Mais d'abord qu'est-ce qu'une individualité intellectuelle ou idéalité ? Qu'est-ce que le monde intellectuel lui-même ?

L'ordre est la base constitutive de l'univers.

Un ordre moral, en concordance avec l'ordre universel, devrait exister chez l'espèce humaine, et pour le règne de l'ordre moral, l'homme est doué principalement de deux qualités ou facultés : la conscience et l'intelligence.

Mais l'espèce humaine se fractionne par nations qui, pour leur existence civile et religieuse, sont soumises à des règles diverses ; de là deux sciences, ou plutôt trois : Politique, Théologie et Philosophie ; de là aussi un monde intellectuel considérablement agrandi.

Le monde matériel se compose de réalités, c'est-à-dire de choses qui tombent sous les sens.

Le monde intellectuel se compose de choses créées par l'esprit, mais qui impliquent certaine réalité : ainsi, en politique, un fonctionnaire, si haut ou si bas qu'il soit placé, est la personnification d'une nation tout entière ou la volonté générale faite homme, etc.

Avant tout, que faut-il entendre par le mot esprit?

C'est la faculté, donnée à l'homme, de comprendre, de saisir les rapports qui existent entre un principe et ses conséquences.

Qu'est-ce qu'un principe?

C'est la base constitutive d'une science.

Qu'est-ce qu'une science?

C'est le développement d'un principe.

L'histoire naturelle divise la création en trois règnes : règne animal, règne végétal et règne minéral, en assignant pour principe : au règne animal, le mouvement ou la faculté de se mouvoir ; au règne végétal, une existence se développant et s'accomplissant dans un lieu fixe ; et au règne minéral, une immobilité absolue.

La métaphysique explique les différentes facultés de l'homme.

Tout ce qui frappe nos sens se grave, sans confusion aucune et plus ou moins profondément, dans la mémoire : ce qui est la base de l'esprit comme faculté de comparer.

Nous avons, sous le nom de volonté, la faculté de diriger nos mouvements corporels, notre esprit, dans un sens quelconque ; sous le nom de liberté, la faculté de nous arrêter à une chose ou à l'autre ; et sous le nom de conscience, la faculté innée de connaître l'accord ou la discordance de nos actions avec l'ordre universel.

Ces facultés, sans en excepter l'esprit, sont autant d'idéalités, impliquant réalité, pour ainsi dire.

Les sciences, qui enseignent chacune une matière, un sujet, dans tous ses détails, sont aussi des idéalités.

Puis d'autres idéalités composent le domaine des sciences de spéculation. Ainsi : en législation, un article de code ; en morale, honneur, déshonneur, sont des idéalités.

Et les idéalités, ou individualités intellectuelles, offrent, pour ainsi dire, de même que les individualités réelles, des mouvements et des diversités de consistances. Ainsi, comme mouvements : *la passion l'entraîne*, *l'oisiveté mène aux vices*, etc. ;

et comme consistances : *volonté ferme, molle; foi robuste, chancelante*, etc.

La nature a créé une multitude infinie d'individualités réelles, et elle en produit d'autres à chaque instant.

Les faits et gestes de ces individualités, très multipliés, ceux de l'homme surtout, constituent d'autres individualités réelles (les productions manuelles de l'homme, par exemple), et des individualités intellectuelles ou idéalités.

Les idéalités se composent de tout ce qui, dans le langage, n'implique pas une idée immédiate de matérialité : les sciences, les conventions sociales, les définitions scientifiques, qui d'ordinaire consistent en oppositions (ordre, désordre; vice, vertu, etc.), sont autant d'idéalités.

Les mouvements si multipliés du règne animal et de l'homme en particulier, établissent entre les différentes individualités des rapports appelés circonstances; or, les rapports ou circonstances impliquent forcément l'idée de mouvement. Nous ne pouvons donc trop le répéter, c'est sur le mouvement que roule exclusivement le langage, et voilà pourquoi toute phrase renferme nécessairement un verbe, le propre du verbe étant essentiellement d'exprimer action ou mouvement.

Voici cependant comment raisonnent sur le langage les législateurs suprêmes de notre langue, MM. Noël et Chapsal, et, avec eux, tous les professeurs et tous les instituteurs de France?

« Le langage, disent-ils, est affirmation, et l'affirmation » réside dans chaque verbe. »

Ajoutant :

« Chaque verbe est une proposition, et la proposition est » l'énonciation d'un jugement. »

Mais quand on dit : « J'irai à Paris, » que fait-on? On indique une action future, c'est-à-dire qu'il y a là narration et non jugement; et, en parlant d'un homme, dire qu'il est grand — s'il y a là jugement, c'est-à-dire non pas affirmation, mais comparaison avec un type (taille ordinaire), il y a aussi action exprimée. C'est en effet comme si l'on disait : « Cet homme paraît (se montre) grand », — ou bien « dépasse la taille ordinaire. »

Quoi qu'il en soit, en fait de langage ou de grammaire, deux systèmes, on le voit, se trouvent en présence : l'un assignant à tout verbe ou à toute phrase l'indication d'une action, d'un mouvement; l'autre, l'indication d'une affirmation (mot qui, du reste, n'a rien de bien déterminé).

Ce dernier système étant celui de tout le corps enseignant de France, et probablement le mode d'enseignement universellement pratiqué, il faut, s'il est vicié dans son point de départ, que la science actuellement chargée de notre initiation au mécanisme du langage subisse un contrôle sérieux; et comme l'honneur national, l'honneur du genre humain même paraît dès lors intéressé dans la question, c'est sous son invocation que se placent cet opuscule et son auteur, dont la visée générale ou le plan va se dérouler en peu de mots.

PLAN DE L'OUVRAGE.

Le sujet à traiter se renferme dans les cinq questions que voici :

Qu'est-ce que le langage dans son but, dans son essence?

Quelle est la destination générale du dictionnaire?

A quoi sert la grammaire?

— la ponctuation?

— la logique?

Tel est en effet le cadre et telle sera la division de l'ouvrage, augmenté d'un examen critique de la Grammaire Noël et Chapsal, et d'un mot sur une science nouvelle : la Taxiologie.

Ce cadre indique suffisamment qu'il s'agit moins d'un cours de grammaire, de ponctuation et de logique, que d'une simple ébauche à l'endroit de chacune de ces sciences, ébauche qui conduira moins par elle-même à son but, l'initiation de tous à l'essence du langage, que par des réformes démontrées nécessaires dans le mode actuel et universel d'enseignement primaire et même d'enseignement supérieur.

Nous traiterons chaque question à son tour et dans l'ordre où nous les avons posées; ce qui nous amène à parler tout d'abord de l'essence du langage.

ESSENCE DU LANGAGE.

L'homme vit fort occupé, et du côté du corps, et du côté de l'esprit.

Ses principaux mouvements, portant le nom générique de travail, ont pour cause déterminante la nécessité de pourvoir aux besoins qu'il tient de la nature, et auxquels il a lui-même beaucoup ajouté.

En donnant des besoins à l'homme, la nature lui a offert de larges ressources pour y faire face; mais le développement et la répartition de ces ressources ne sont pas tout ce qu'il faudrait qu'ils fussent : et quand l'état social devrait tendre avec sollicitude à la conservation et au bien-être de la grande famille dans chacun de ses membres, pourquoi faut-il que, même la famine fasse encore des victimes, rares, il est vrai ; comment surtout comprendre que d'immenses moyens de destruction, tournés contre l'homme lui-même, soient, hélas ! fréquemment employés !

Assurément l'homme est né pour la vie sociale, et il a été pourvu de tout ce qu'il fallait pour ce genre d'existence ; ce qui l'y rend principalement propre, c'est le langage, auquel l'organisation humaine se prête si merveilleusement.

L'homme est en effet doué, comme individu, d'une voix susceptible d'émissions excessivement variées; il est doué, de plus, d'une mémoire prodigieuse, et comme espèce, il possède une grande diversité de facultés inventives dans lesquelles il a trouvé le moyen d'adapter aux choses qui frappent ses sens, des sons de voix qui reproduisissent en quelque façon dans la mémoire la vue des objets absents et les autres impressions éprouvées.

Cette invention, propagée par son auteur et favorablement accueillie, a constitué le langage qui se compose en effet de conventions sociales.

Le langage est donc d'invention humaine et chose de convention; et ce qui en est une preuve sans réplique, c'est, avec la multiplicité et la diversité des langues, l'enrichissement successif de chacune d'elles.

Que se passe-t-il d'ailleurs dans notre commune instruction? Quand on montre pour la première fois à un enfant un objet quelconque, un arbre, par exemple, on lui dit : Ceci s'appelle un chêne, un saule, etc.; ce qui équivaut à dire : On est convenu d'appeler ces arbres, chêne, saule. Et comme en France on apprend à chaque enfant qui s'élève la dénomination française de chaque chose, et qu'en Chine, par exemple, on apprend aux enfants la dénomination chinoise des mêmes choses, si deux adultes, l'un français, l'autre chinois, se trouvent en présence, ne connaissant chacun que sa propre langue, il leur est impossible de se comprendre, de se communiquer leurs pensées.

Pour désigner chaque chose, il y a en effet une foule de conventions constitutives d'autant de langages assez dissemblables (sauf le rapprochement qui existe entre certains d'entre eux comme dérivation ou filiation), pour que l'homme qui ne connaît que sa langue maternelle ne puisse avoir avec celui qui l'ignore que des rapports extrêmement circonscrits.

Et de là sont nées les traductions, autres conventions sociales qui font que chaque individu peut comprendre toute langue qui n'est pas sienne, conventions qui étaient nécessaires pour rattacher intellectuellement chaque nation aux autres peuples : toutes les langues peuvent en effet se ramener à une seule par les traductions; quant au langage uniformisé, quant à une langue universellement parlée, il y a lieu de douter de son avénement.

Mais pour mettre le monde actuel et le monde futur en rapport avec les choses et les faits appartenant à un lieu, à un temps quelconques, ce n'était pas assez de la traduction mutuelle des langues; il fallait encore, et d'abord, une autre convention ou invention qui donnât, pour ainsi dire, une existence matérielle, un corps aux émissions de la voix, aux pensées: cette invention est l'écriture, que l'imprimerie a si considérablement multipliée.

Un cas tout fortuit a donné l'idée de la parole; un autre cas tout fortuit a fourni l'idée de l'écriture : quoi qu'il en soit, nous sommes constitués pour éprouver une multitude d'impressions diverses, et nous pouvons, par la parole et l'écriture, initier chacun de nos semblables à toutes ces impressions.

Si le caractère de conventions sociales, assigné aux différentes langues, ne peut être nié, et si ces conventions, comme simples désignations, sont purement arbitraires, comme langage elles sont soumises à des règles, à des principes qui se rattachent à l'ordre universel et qu'il s'agit de bien déterminer.

Voyons d'abord le langage dans sa formation.

L'univers se compose d'un nombre infini de globes immenses, plus ou moins volumineux, circulant dans l'espace, infini lui-même (individualités soumises, dans leurs mouvements respectifs, à des lois éternelles, immuables, sur lesquelles, quoi qu'en ait pensé Newton, l'homme n'a point à raisonner).

Le globe que nous habitons présente une multitude considérable de choses et d'êtres, de formes variées et de consistances diverses.

Indépendamment de la diversité de formes et de consistances, il y a, pour les êtres animés, diversité de mouvements, et pour chaque espèce de mouvement, des diversités particulières.

La forme constitue l'individualité.

La consistance, appelée aussi qualité ou manière d'être, se réfère à un type ou étalon.

Le mouvement, qui s'étend à certaines choses inanimées, est la pierre angulaire du langage.

L'individualité se désigne par un mot appelé *substantif*.

La consistance ou qualité se désigne par un mot appelé *adjectif*.

Le mouvement se désigne par un mot appelé *verbe.*

Et le mode des mouvements par un mot appelé *adverbe.*

Substantifs, adjectifs, verbes, adverbes, tels sont les éléments capitaux du langage.

Les êtres et les choses qui couvrent la terre se rangent en trois grandes classes sous le nom de Règnes. Ces trois règnes se rattachent tellement l'un à l'autre, qu'ils embrassent plutôt une série unique d'individualités que trois séries distinctes.

Chaque règne se subdivise en genres, espèces et individus : le règne animal offre de plus la grande division en sexes. (Les mots qui distinguent les sexes présentent, dans notre langue, une grande lacune qu'il paraît peu nécessaire de combler.)

L'espace et le temps se divisent, eux aussi, en très nombreuses individualités.

L'espace, ou plutôt l'univers en présente d'abord deux grandes classes : les astres et les planètes ; puis la terre, elle, se subdivise en mers, continents, villes, hameaux, etc.

Le temps offre d'abord trois grandes époques : un passé, qui n'a point eu de commencement ; un présent, à chaque instant renouvelé, et un avenir qui n'aura pas de fin ; puis il y a la subdivision en siècles, années, minutes, etc.

Et l'on a appliqué à chaque portion de la terre et à chaque fraction du temps, de même qu'à chaque membre de l'humanité, des appellations propres ou spéciales, que rendaient indispensables les relations sociales, la vie de civilisation.

Outre le monde matériel, qui frappe directement nos sens, il existe un monde intellectuel ou moral, enfanté par la civilisation, et que l'on peut ajouter aux trois règnes de la nature sous la qualification de règne moral, offrant, pour ainsi dire, lui aussi : individualités, manières d'être ; actions, manières d'agir.

Les individualités du monde intellectuel se rattachent toutes, plus ou moins directement, au monde matériel. (Nous laissons en dehors de cette appréciation, Dieu et l'âme.)

En effet, le mot *vue*, par exemple, indique une faculté inhérente au règne animal ; le mot *esprit*, comme synonyme d'intelligence, de conception, indique une faculté particulière à l'homme ; le mot *conscience*, une faculté plus particulière encore à l'homme ; les mots *vertu*, *honneur*, etc., servent à caractériser des actions humaines : or, des facultés présupposent des individualités qui les possèdent, de même que des actions présupposent des individus de qui elles émanent. Quant au mot *esprit*, comme incorporéité ou incorporalité, il ne peut avoir aucun sens, aucune application ; et déjà (ne l'oublions pas), le langage n'est autre chose qu'une convention : or, si par le mot *homme* nous convenons de désigner un être que l'œil peut voir ; si par le mot *odeur* nous indiquons une chose qui frappe le nez, etc., etc., — par le mot *incorporéité* que pourrions-nous indiquer? L'absence de corps, de forme, de substance, c'est-à-dire le néant : *incorporéité* est en effet synonyme de *néant*. Et si ce n'est bien qu'à l'état de convention qu'existe le langage, une convention (ou le langage) ne peut s'appliquer qu'à ce qui existe d'une façon quelconque, c'est-à-dire matériellement ou intellectuellement : or, dans le monde intellectuel, par le mot *conscience* nous entendons une faculté ; par le mot *loi*, un acte de volonté générale, etc., etc. ; donc esprit — faculté, appartient au monde intellectuel, et un peu au monde matériel ; mais esprit — *incorporéité*, qui déjà n'appartient pas au monde matériel, n'appartient pas non plus au monde intellectuel, aucune idée ne venant ni ne pouvant s'y rattacher.

Le langage ainsi reconnu dans ses éléments, quelle est sa cause déterminante ? quel est son vrai moteur ? Le mouvement, le mouvement seul ; c'est-à-dire que tout, dans le langage, se réfère au mouvement, tout tend à l'indiquer : c'est en effet là le propre du verbe. Or le verbe fait le fond de toute idée, de toute phrase, c'est-à-dire qu'il n'y a aucune phrase, aucune idée sans un verbe ; les verbes *être* et *avoir* exprimant eux-mêmes une action : *être*, dans le sens de paraître, se montrer, etc. ; *avoir*, dans le sens de posséder, tenir, etc.

Et ce qui prouve que la vie, le mouvement, l'action est la

pierre angulaire du langage, c'est que si l'on suppose ce qui nous environne frappé pour un temps d'une complète immobilité, tout fait défaut au langage dans ce repos universel.

Le langage, du reste, se compose de phrases, et les phrases se composent de mots.

Ce que l'on appelle *mot*, pris dans son sens le plus générique, indique soit une individualité, soit une action, soit une manière d'être ou d'agir de l'individualité.

Une phrase simple est l'indication de deux individualités (ou d'un plus grand nombre), et d'une action qui leur est respectivement relative.

Une phrase multiple est l'union de deux phrases simples (ou d'un plus grand nombre) dépendant l'une de l'autre.

Une conversation, un discours, une œuvre littéraire est un enchaînement de phrases sur un sujet quelconque.

Or chaque phrase ou réunion de mots indique au moins une action, son auteur et son objet.

Arrêtons-nous à quelques exemples de phrases simples empruntés à la Grammaire de Noël et Chapsal (40e édit., n° 293) :

« Dieu est juste. »

« J'ai un livre. »

« Médire est une infamie. »

« Ces livres sont les miens. » (On aurait été meilleur grammairien en disant : Ces livres sont miens.)

« Dieu est juste, » c'est comme s'il y avait : Dieu se montre juste.

Quelle est l'action ? Montrer. Quel est l'auteur de cette action ? Dieu. Quel en est l'objet ? Dieu lui-même. *Juste* indique une qualification ou manière d'être, c'est-à-dire une relation au grand type (l'ordre universel).

« J'ai un livre. » Quelle est l'action ? Avoir, dans le sens de tenir. Quel est l'auteur ? Moi. Quel est l'objet ? Livre.

« Médire est une infamie. » *Médire* est un infinitif substantifié, remplaçant le mot *médisance ;* c'est en effet, comme s'il y avait : La médisance est une infamie, — ou : chose infâme.

Quelle est l'action ? *Être*. dans le sens de se montrer ; l'auteur et l'objet sont *médisance*. — *Chose infâme*, qualification ou manière d'être.

« Ces livres sont miens. » C'est comme s'il y avait : Ces livres sont possédés par moi. Ici les places sont changées, c'est-à-dire que l'objet de l'action (livres) est indiqué le premier, et l'auteur (moi) le dernier.

Il y a, dans l'usage d'une langue, deux choses : idée et raisonnement.

L'idée se confond avec la phrase, et réside ainsi dans la réunion de ces trois éléments : une action, son auteur et son objet.

Le raisonnement est un enchaînement d'idées sur le même sujet.

Il y a deux sortes de raisonnements : narrations et déductions.

La narration est un exposé de faits.

La déduction est un exposé de conséquences se rattachant au même principe.

Dans le style narratif, la phrase simple est l'énoncé d'un fait unique : « J'arrive de Paris, » et la phrase complexe, l'énoncé d'un fait principal et de faits accessoires : « J'arrive de Paris où j'ai vu de belles choses. »

Dans le style déductif, la phrase simple est l'exposé d'une action isolée : Le langage est chose de convention, c'est-à-dire se montre (action) chose de convention, et la phrase complexe, l'énoncé d'une action principale et d'autres actions s'y rattachant comme conséquences ou preuves : Le langage est chose de convention : la multiplicité des langues le démontre. Ce dernier mot implique bien aussi une action : le mouvement apparaît donc partout dans le langage.

Les mots ne constituent pas tout le langage, la ponctuation y joue un rôle fort important.

Les conversations, même les plus simples, ont en effet quelque chose de musical et comme ton et comme mesure : l'interrogation, par exemple, ne parle pas comme la réponse, l'ardente colère comme la froide raison.

Dans une belle plaidoirie, le débit plaît presque autant que la substance même du discours : or la lecture à haute voix doit ressembler au débit d'un orateur, sauf le ton général, qui s'assortit à la nature du sujet traité ; ou plutôt le lecteur à haute voix d'une plaidoirie doit reproduire l'avocat, moins la pantomime, de même que quand on lit pour des auditeurs une œuvre littéraire quelconque, on doit se supposer l'auteur lui-même parlant au lieu d'écrire.

Il y a, en un mot, dans le langage, des pauses forcées et variées et des inflexions de voix également variées : indiquer cela est le double objet de la ponctuation, qui, de plus, établit, pour toute œuvre littéraire, ce que l'on peut appeler une grande charpente, dans sa division par titres, chapitres et alinéas.

La ponctuation est, comme ensemble, au langage, ce que sont le ton et la mesure à la musique proprement dite, et, dans ses détails, elle est, pour ainsi dire, la forme, l'habillement des phrases, la clarté des pensées.

En résumé, colloque et monologue : voilà les deux modes sous lesquels se produit le langage ; ou plutôt le monologue est son mode unique, chacun des interlocuteurs, dans la conversation, faisant un monologue à son tour. Et que se propose-t-on dans le monologue, c'est-à-dire en parlant ou en écrivant ? C'est d'exposer clairement à son auditeur ou à son lecteur, soit le fait raconté, soit les idées émises sur le sujet traité.

Pour obtenir ce résultat, on trouve :

Dans le dictionnaire, le sens, l'objet des mots ;

Dans la grammaire, la manière de les disposer ;

Et dans la ponctuation, avec le ton et la marche de la voix, la disposition générale et détaillée de l'œuvre, pour les longs monologues écrits.

Puis, s'il s'agit de science, on s'élève avec la logique jusqu'à l'ordre universel.

Et il est une remarque à consigner ici : c'est que l'analogie immédiate ou éloignée joue un très grand rôle dans le langage, et surtout dans les conversations ordinaires, dont elle est, pour ainsi dire, le principal agent.

Enfin, et pour clore ce chapitre, nous dirons, en nous répétant :

L'homme éprouve des sensations, des impressions bien multipliées ; ces impressions, il les conserve comme souvenirs, avec une grande facilité ; ces souvenirs, il peut les transmettre à ses semblables, et c'est là le langage.

L'espèce humaine s'est fractionnée pour la transmission des souvenirs, c'est-à-dire qu'elle a appliqué aux mêmes choses des appellations diverses qui, sous le nom de conventions sociales, font l'objet d'autant de dictionnaires.

DU DICTIONNAIRE.

Un dictionnaire est l'ensemble de sons de voix matérialisés, pour ainsi dire, adoptés conventionnellement par une fraction plus ou moins considérable de l'espèce humaine, pour désigner, indiquer toutes choses du domaine de nos sens et de notre esprit; de telle sorte qu'à la lecture ou à l'audition, les unes se reproduisent en quelque façon dans la mémoire, les autres dans l'esprit lui-même: c'est, en d'autres termes, le recueil méthodique de tous les mots constitutifs d'une langue, chaque mot pouvant être considéré comme une étiquette apposée sur ce qu'il désigne.

Faire connaître la destination, c'est-à-dire la signification, le sens précis de chacun des mots et en indiquer l'exacte prononciation, tel est le double objet du dictionnaire.

Les choses du domaine général de l'homme sont excessivement multipliées; et cependant il a trouvé, dans sa voix et dans des accords de volontés séparées, le moyen de signaler chaque chose, non-seulement d'une manière distincte, mais aussi de façon différente; puis la traduction des langues est venue suppléer au défaut d'uniformisation du langage.

Une foule d'êtres et de choses s'offrent tout d'abord à l'œil, et forment autant d'individualités qui se désignent par des mots appelés *substantifs* ou *noms*.

Il y a deux sortes de désignations d'individus : désignations communes, et désignations spéciales. Les désignations spéciales sont peu nombreuses dans le dictionnaire proprement dit, différent en cela du dictionnaire de géographie, qui ne renferme que cette sorte de désignations.

Les individualités appartenant à la même espèce offrent uniformité d'ensemble et diversité de détails. Ces diversités ou manières d'être se désignent par un mot appelé *adjectif* (mot ajouté au substantif).

Les êtres animés et certains de ceux inanimés sont susceptibles de mouvements divers; la désignation des mouvements se fait par un mot appelé *verbe*.

Enfin chaque mouvement est lui-même susceptible de diversités, et la désignation de ces diversités s'appelle *adverbe* (mot ajouté au verbe).

Les désignations communes s'appliquant aux individualités du domaine de l'œil et à leurs mouvements substantifiés, sont en grand nombre; quant aux individualités du domaine respectif des autres sens, le tact excepté, la désignation s'en fait par un seul substantif : sons, pour l'ouïe; odeurs, pour l'odorat, et saveurs, pour le goût; et, pour les spécialiser, on ajoute au substantif générique le nom de la chose productrice : son de cloche, odeur de tabac. La musique toutefois a, pour ainsi dire, baptisé les sons pris abstractivement.

Pour le tact, il n'y a pas d'individualités proprement dites; mais on a substantifié, individualisé les consistances ou qualités de ce qui ressort de lui : dureté du fer, ardeur du feu.

Il y a pour l'esprit un domaine particulier comprenant aussi bien des choses, et le monde intellectuel offre au langage les mêmes éléments que le monde matériel.

Les individualités intellectuelles ou idéalités sont nombreuses.

Nos cinq sens ou facultés physiques, considérés abstractivement, constituent autant d'individualités intellectuelles (la vue, l'ouïe, etc.), de même que nos facultés internes : la mémoire, la conscience, l'esprit ou l'intelligence, la liberté et la volonté; et l'on est forcé de reconnaître que tout ce qui est faculté chez l'homme s'éteint nécessairement avec lui, d'une manière complète.

Les sciences de notre domaine sont autant d'idéalités éternelles. Les appellations actuelles de quelques-unes demandent des modifications.

Mais nous n'avons point à faire l'énumération de toutes les idéalités.

Et maintenant quand on dit : *La religion commande*, *la philosophie apprend*, *enseigne; la colère le pousse*, *l'emporte*, il y a bien là mouvement indiqué ; de même que ces expressions : *volonté ferme*, *chancelante*, *colère ardente*, indiquent des consistances. Ce qui revient à dire que le monde intellectuel offre comme le monde matériel : individualités, mouvements et consistances.

Un mot en passant, de la philosophie et de la politique, au point de vue du dictionnaire.

L'objet assigné à la philosophie ne répond pas à la dénomination de cette science, et la politique aurait à subir une déviation dans son but ; nous proposerions donc de substituer deux autres dénominations à celles-là, c'est-à-dire *philotaxie* ou plutôt *taxiologie* à *philosophie*, et *ethnologie* à *politique*.

Pour le temps actuel cependant, et pour longtemps encore sans doute, le mot politique doit être maintenu ; mais si l'ordre chez l'espèce humaine correspondait à l'ordre universel, la politique et la philosophie viendraient s'absorber dans la taxiologie. Tout, en effet, dans l'ordre moral, se rapporte à ce grand type : c'est ainsi que le bien, la vertu caractérisent des actions humaines en concordance avec l'ordre universel, de même que le mal, le vice, caractérisent d'autres actions humainesen désaccord avec cet ordre, etc. Il s'agirait donc, pour le développement rationnel de l'état social, de bien faire l'application de l'ordre à notre espèce ; et tel est l'objet de la taxiologie.

La politique établit des constitutions et des lois, échos souvent infidèles de la conscience en matière civile, et appelées, en matière criminelle, à punir des faits que l'on pourrait et que l'on devrait ne pas connaître : on verrait, en effet, s'anéantir la cause principale de ces faits — le droit de propriété — dans le règne absolu de la conscience, c'est-à-dire dans l'ordre social arrivé à son état de complète perfection.

Revenons à la définition, à l'explication des individualités intellectuelles ou idéalités.

Ces individualités qui, à la vérité, n'accusent aucune forme perceptible ou sensible, impliquent, au fond, une idée matérielle plus ou moins rapprochée, et elles s'offrent, pour ainsi dire, avec une espèce de vie, d'animation ; de telle sorte qu'au point de vue du langage, il y a complète analogie entre le monde intellectuel et le monde matériel, c'est-à-dire que, pour l'un comme pour l'autre, le langage repose sur ces trois grandes bases : individualités, actions et qualités, et c'est ainsi que la communication de toutes nos pensées se circonscrit dans ces quatre mots : *substantif*, *adjectif*, *verbe* et *adverbe*.

Mais pour lier ces mots dans l'ordre des pensées, c'est-à-dire pour préciser le langage et en faciliter la marche, d'autres mots étaient nécessaires, que la grammaire appelle ou désigne ainsi : *article*, *pronom*, *participe*, *préposition*, *conjonction* et *interjection*.

L'article, le pronom, la préposition et la conjonction, qui servent seuls à la précision ou à l'enchaînement du langage, sont sans signification aucune, considérés abstractivement.

Quant au participe, et le mot lui-même l'indique, il est de deux natures : temps d'un verbe ou adjectif ; il indique ainsi soit une action, soit une qualification.

Et l'interjection est un mot qui remplace à lui seul toute une phrase.

Le langage comprend, on le voit, dix éléments à l'aide desquels l'homme transmet clairement à ses semblables toutes ses pensées, toutes ses impressions.

Les articles existent en nombre fixe, de même que les pronoms, les prépositions, les conjonctions et les interjections. Le nombre de chacun des autres éléments du langage s'accroît de temps à autre, le nombre des substantifs, du moins, chaque chose nouvelle appelant nécessairement une désignation particulière ; et il n'est rien, quant à présent, qui échappe à une désignation distincte, si ce n'est que, pour certaines espèces animales, le même mot sert à indiquer les deux sexes.

Il est deux mots — infini, éternité — qui n'ont pas et qui ne peuvent pas avoir de sens arrêté ; qui n'ont de sens que par opposition à leurs contraires, c'est-à-dire à ce qui est individualité. Et il y a lieu de constater ici un vice, une infirmité dans le langage : c'est que le mot *infini* ou *univers* implique une idée d'individualité qui ne convient point à la chose désignée. En définissant même l'univers : tout ce qui existe, ce tout implique encore, forcément, une idée de limite qui rend le mot *univers* inhabile à entrer dans le domaine du langage ou des idées, ou du moins dans le domaine de la conception ou perception, la pensée — cet œil de l'esprit — confessant son impuissance absolue à cet égard. Il faut en dire autant de l'*éternité*.

Si les mots d'une langue ou les désignations constitutives du langage sont œuvres humaines, d'abord à l'état de néologisme ou d'invention, puis à l'état de convention, le mode de prononciation est aussi chose de convention.

Dans toute langue la prononciation a de l'importance ; ainsi bien des mots français ne se prononcent pas comme ils sont écrits, et même certaines lettres ne se prononcent pas toujours d'une manière uniforme.

L'accentuation ou les signes déterminatifs de la prononciation des mots rentrent dans le domaine du dictionnaire.

Les accents ou signes créés pour notre langue appellent, comme nous allons le voir, et dans leur nombre et dans leur emploi, quelques modifications.

Nous avons deux sortes de lettres : des voyelles et des consonnes.

Les voyelles, ou, du moins, trois d'entre elles, ont deux sortes de prononciation : prononciation naturelle, et prononciation modifiée.

La prononciation naturelle de l'*a* et de l'*o* est celle qu'ont ces deux lettres dans le mot *adorer*.

L'*i* et l'*u* ont une prononciation invariable ; ce qui rend inutile toute accentuation pour ces lettres.

Quant à la lettre *e*, excessivement multipliée dans notre langue, sa prononciation naturelle est celle qu'elle a dans le mot *été*. Souvent cette lettre est muette ; souvent aussi elle se prononce comme *œu*.

Aucun signe n'est nécessaire pour indiquer la prononciation naturelle soit de l'*a*, soit de l'*o*.

Le point sur l'*i* est une véritable superfétation. L'accent circonflexe sur l'*i* et sur l'*u* est également une superfétation.

Quant à l'*e*, sa prononciation naturelle revendique le point de l'*i*, qui remplacerait ainsi l'accent aigu.

Les lettres *a* et *o*, dans beaucoup de mots, ont une prononciation modifiée : âme, ôter, etc. ; cette modification devrait s'indiquer, non par l'accent circonflexe, mais par une petite barre horizontale : āme, ōter, cette barre paraissant en effet peser sur la lettre qu'elle recouvre. (Dans les mots terminés par *ation* et *otion*, la prononciation modifiée de l'*a* ni de l'*o* n'a pas besoin d'être indiquée, par la raison que le *t* s'y prononce toujours comme une double *s*, et il en est de même dans ces fins de mots : *étion*, *ition* et *ution :* ce qui devrait être posé comme règle dans notre dictionnaire.)

Le même signe — doit s'employer pour l'*e* long : tētard, etc. (Dans l'article *les*, les pronoms possessifs *mes*, *tes*, *ses*, l'*e* est naturellement long, ainsi que l'*o* dans *nos*, *vos ;* cela devrait être aussi posé comme règle pour éviter toute accentuation.)

La prononciation de l'*e* comme *œu* ne doit s'indiquer par aucun signe ; car souvent alors on peut indifféremment prononcer, ou non, cette lettre.

L'*e* muet, très multiplié, n'appelle non plus aucun signe particulier, ou si l'on voulait l'indiquer dans le dictionnaire, ce serait en le remplaçant par une apostrophe : *n'appell' non plus.*

Les consonnes prises isolément se désignent : les unes avec l'addition d'un *e* : *b*, *c*, *d*, *g*, *p*, *t* et *v* ; d'autres avec une pareille addition, mais l'*e* placé devant : *f*, *l*, *m*, *n*, *r*, *s* ; d'autres enfin sans addition aucune : *h*, *i*, *k*, *q*, *x*, *y*, *z*.

Il y a beaucoup de consonnes qui ont une prononciation naturelle et une prononciation modifiée ; il y en a d'autres qui sont fréquemment muettes : la prononciation modifiée et la non-prononciation devraient s'indiquer par un signe — au moins dans le dictionnaire, ce qui n'a lieu jusqu'ici que quant à la prononciation modifiée du *c*. L'*h* muette ou non aspirée devrait toujours être accompagnée d'une apostrophe.

A la fin de certains mots il y a aussi des parties muettes, notamment à la dernière personne du pluriel de certains temps des verbes : le dictionnaire devrait indiquer tout ce qui ne se prononce pas, par un signe commun, qui pourrait être une apostrophe; puis certaines conversions de lettres — par un autre signe, qui pourrait être une cédille.

Du reste, la prononciation étant, comme on l'a dit, chose importante en toute langue, il faudrait que les signes qui y servent fussent aussi complets que possible, et que le dictionnaire fût précédé d'un traité de ponctuation, au point de vue de la prononciation.

Le corps du dictionnaire devrait de plus contenir la conjugaison de tous les verbes, ou du moins des verbes-types, en y renvoyant pour les autres.

En résumé, le dictionnaire peut être considéré comme une vaste surface recouverte de quatre sortes d'étiquettes appelées substantifs, adjectifs, verbes et adverbes, et composées par l'homme pour reproduire à la mémoire, d'une manière distincte :

Les substantifs :

Tout ce qui est du domaine des sens comme individualités, c'est-à-dire les individus proprement dits et leurs mouvements et qualités individualisés.

Et tout ce qui est du domaine de l'esprit aux mêmes titres.

Les adjectifs :

Ce qui indique les manières d'être des deux natures d'individualités

Les verbes :

Les mouvements des êtres réels et ceux attribués aux autres individualités par assimilation.

Et les adverbes :

Ce qui caractérise la diversité des mouvements de même espèce.

Puis la grammaire, en rattachant ces mots, ces étiquettes, les unes aux autres à l'aide de six séries circonscrites d'autres mots, ou de trois séries seulement (le pronom rentrant dans la classe des adjectifs, le participe — dans la classe des adjectifs ou des verbes, et l'interjection exprimant, pour ainsi dire, un mouvement intérieur tout à fait instinctif), fournit à chaque membre de l'humanité le moyen de faire revivre en quelque sorte toute action quelconque, individuelle ou collective, en quelque lieu et à quelque époque qu'elle se soit passée, et à quoi qu'elle se rattache.

En d'autres termes, le dictionnaire réfléchit, pour ainsi dire, tout ce qui frappe ou peut frapper nos sens et notre esprit, et la grammaire, s'emparant de ces éléments de la pensée, vient organiser le langage.

DE LA GRAMMAIRE.

La grammaire est la première des sciences, chronologiquement parlant; elle est aussi la plus importante comme développement normal des intelligences, dont elle est la clef, à proprement parler. La grammaire explique en effet le mécanisme complet du langage par voie de dissection, c'est-à-dire en distinguant les éléments dont le langage se compose, éléments peu nombreux, du reste, et qui se trouvent souvent réunis dans une seule phrase.

Elle règle l'accord qui doit exister entre ces divers éléments, et elle indique, par des signes, la marche et le ton de la voix :

Tel est l'objet général de la grammaire, qui se divise ainsi en deux branches : orthographe et ponctuation.

La ponctuation formant à elle seule toute une science, nous ne parlerons dans ce chapitre que de la grammaire proprement dite.

Et, d'abord, démontrons, par de nouveaux exemples (car c'est là un point culminant dans l'enseignement de la grammaire), que toute phrase exprime un mouvement, une action quelconque.

« Un père embrasse son fils. »

L'action se voit; l'auteur et l'objet sont faciles à reconnaître, à distinguer.

« J'ai été battu. »

L'action et son objet apparaissent seuls; l'auteur est sous-entendu.

« Je me promène. »

L'auteur et l'objet se confondent.

« Je vais à Paris. »

Paris est le but auquel tend l'action d'aller, de se rendre, de se transporter.

« Je travaille avec courage. »

Courage est le mode de l'action travailler.

Nous nous retrouvons donc toujours en la présence simultanée d'une action, de son auteur et de son objet, à quoi peuvent s'ajouter but et mode, ou l'une de ces deux choses seulement.

Puis l'auteur et l'objet d'une action sont des individualités susceptibles, comme l'action elle-même, de consistances diverses, et ces consistances ou qualités entrent pour beaucoup dans le langage : or établir d'une manière exacte la relation existant entre les individualités, leurs actions et qualités, voilà ce qu'il s'agit de faire en parlant et en écrivant; et pour le bien faire en écrivant, il faut s'appuyer sur les deux branches de la grammaire : l'orthographe et la ponctuation.

Il y a, pour l'orthographe, beaucoup de difficultés dans notre langue, difficultés qui ne sont pas toutes judicieusement tranchées : signalons en passant quelques fautes qui se répètent assez fréquemment.

L'une d'elles est relative au régime de deux verbes réunis comme *voir venir*, *entendre dire*, *faire faire*, etc. Dans tous ces cas, c'est évidemment le second verbe qui régit l'objet de l'action, et le premier, par conséquent, doit rester invariable dans son participe passé : on doit donc écrire : « Voici des personnes que j'ai vu arriver », et non « vues arriver ». En effet, on ne veut pas seulement dire de ces personnes qu'on les a vues, mais qu'on les a vu-arriver, les deux verbes, en pareil cas, exprimant en quelque façon une idée unique.

On écrira bien : « Les chanteurs que j'ai entendus »; mais on ne peut pas écrire « Les femmes que j'ai entendues chanter », comme le font Noël et Chapsal dans leur Grammaire, n° 617, 40e édition : la phrase, l'idée, n'est en effet complète qu'après le mot *chanter;* car j'aurais pu les entendre causer, rire ; c'est donc d'*entendre chanter* que *femmes* est le régime, et non d'*entendre* seulement.

On doit écrire aussi : « Les dames que j'ai empêché (et non empêchées) d'aller au bal. » En effet, on ne peut dire, dans un sens absolu ou isolé. *empêcher une personne*, c'est-à-dire qu'une personne ne peut pas être l'objet de l'action empêcher. Il en est autrement d'une chose. Mais si l'on écrit. « Les choses que j'ai empêchées », on écrit aussi. « Les choses que j'ai empêché de faire », par application de la règle posée plus haut.

Il faut encore écrire : « Ces dames voulaient aller au bal, je les en ai *empêché* », et non *empêchées*, parce qu'empêcher une personne ne se dit pas, et que dans cette phrase le mot *en* remplace ceux-ci : *d'y aller*. C'est en effet comme si la phrase était ainsi terminée : « Je les ai empêché d'y aller. »

Les grammairiens se sont posé cette question : Doit-on dire : « Cette femme a l'air *bon* ou *bonne?* » et ils l'ont tranchée dans le premier sens; c'est évidemment dans le dernier sens qu'elle doit l'être. *Avoir l'air* (qui s'emploie souvent) est l'équivalent de paraître, sembler ; et dire d'une femme qu'elle a l'air *bon*, c'est comme si l'on disait, parlant de sa taille qu'elle a l'air *grand*.

L'emploi, dans la forme interrogative, de l'imparfait du subjonctif est souvent négligé; or c'est précisément dans cet emploi, judicieusement fait, que l'homme bien initié à la connaissance de sa langue se fait le mieux reconnaître.

Revenons de la forme au fond.

Il y a pour l'homme deux états ou conditions : l'état de nature, et l'état de civilisation.

Dans l'état de nature, l'existence humaine est purement physique ou peu s'en faut ; dans l'état de civilisation, toutes nos facultés intérieures reçoivent un tel développement, qu'il en résulte, pour ainsi dire, une autre vie l'emportant même en quelque sorte sur la vie physique : alors, en effet, au monde matériel vient se joindre un monde intellectuel ; puis ces deux mondes s'enchevêtrent au moyen des rapports qui s'établissent entre les hommes, et des circonstances qui en naissent résulte pour chaque individu une histoire particulière, plus ou moins accidentée.

L'espèce humaine se fractionnant sous le nom de familles, et, par groupes considérables. sous le nom de nations, chaque famille, chaque peuple a aussi son histoire; puis les sciences acquièrent un grand développement, et l'espèce humaine marche, mais bien lentement, vers le but que lui a assigné l'ordre universel, et qui peut-être ne sera jamais atteint.

En attendant, les relations sociales sont excessivement multipliées et fort compliquées, et la logique a beaucoup à faire par le temps qui court; ce qui rend bien nécessaire l'étude approfondie du langage qui, seule, peut conduire à une saine logique.

D'un autre côté, les sciences vont se perfectionnant, et cependant les plus importantes, c'est-à-dire celles qui rentrent plus particulièrement dans la logique, sont les moins avancées et offrent le plus d'opinions contradictoires en dépit de l'ordre universel qui assigne à chacune d'elles un principe unique comme point de départ, comme vérité : de là encore la nécessité d'une bonne grammaire, qui est comme le vestibule de la logique.

Nous dirons plus loin le rôle de cette dernière science : voyons ici le rôle de la grammaire.

La grammaire a pour but de mettre de la clarté dans le langage ; pour atteindre sûrement ce but, il suffit de bien reconnaître, de bien distinguer les différents éléments du langage, qui, comme on l'a vu, sont peu nombreux ; il s'agit ainsi d'une simple dissection.

Ceci posé, quel est le plan normal d'une bonne grammaire?

Il convient de constater d'abord que la grammaire, principalement destinée à de jeunes intelligences, doit être bien simplifiée dans ses enseignements ; ou plutôt la grammaire doit se diviser en deux parties : l'une, simple, élémentaire, à l'usage des enfants, et l'autre, que l'on peut appeler la partie logique, à l'usage des adultes, cette seconde partie destinée à fixer les règles, les principes de la langue et à en résoudre toutes les difficultés. (La grammaire, en tant qu'enseignement complet du langage, est en effet une des branches de la logique.)

Le dictionnaire contenant ou devant contenir tous les éléments du langage, et faisant ainsi connaître tout ce qui est du domaine de l'homme comme réalité et comme création intellectuelle ; le sens et la prononciation de chaque mot ; la conjugaison des verbes et la destination des signes de ponctuation, — la grammaire n'est plus, en quelque sorte, qu'un résumé du dictionnaire, sa mise en œuvre, son application.

Que reste-t-il donc à faire pour qu'une grammaire élémentaire réponde à sa condition normale ?

Esquisser à grands traits, au point de vue du langage, les trois règnes de la nature, en assignant à chacun le caractère qui lui est propre. Esquisser de même le règne intellectuel ou moral.

L'ensemble des individualités ainsi signalé, parler sommairement de leurs manières d'être et de leurs manières d'agir respectives, et des circonstances infinies dans lesquelles se rencontrent, au moyen de la vie réelle et intellectuelle et du mouvement propre ou d'assimilation, les êtres réels et les êtres de raison, leurs actions et qualités.

Ceci posé, la grammaire établirait qu'il y a deux choses dans le langage : narrations et déductions ; que ce qui se rattache à la narration est du domaine exclusif de la grammaire, et que la déduction est du domaine exclusif de la logique.

La narration, voilà en effet sur quoi a à s'exercer la grammaire. Or qu'est-ce que la narration ? Un simple exposé de faits.

Quand on veut raconter une chose que l'on a vue, un fait dont on a été témoin, qu'y a-t-il à faire ? Reproduire le fait comme il s'est passé, c'est-à-dire mettre de la clarté, de l'ordre dans ce récit ; donc bien enseigner cet ordre, cette clarté, tel est le but, tel est l'objet de la grammaire.

Dans une narration simple, il est facile de distinguer les éléments constitutifs de la phrase.

Dans une narration compliquée, le maître n'a qu'une chose à faire, c'est de signaler à son élève, dans chaque phrase, l'auteur du fait, l'objet, le but, le mode.

Voici d'ailleurs comment devrait se faire l'enseignement de la grammaire :

Il faut d'abord prendre des types dans les trois règnes de la nature, puis choisir pour chaque individualité, des actions, des qualités qui puissent s'y rapporter : « L'enfant marche, la rose est odorante, » etc.; il faut enfin lier les actions aux individualités : « Un enfant en pousse un autre », et faire connaître que tout, dans le langage, se rattache à l'une ou à l'autre de ces deux choses ou idées : « Un enfant en pousse un autre, — la rose est odorante. »

Quand on aura bien initié les enfants à l'essence du langage par ces deux phrases, en leur disant : *Pousser* est une action, un mouvement dont l'enfant qui pousse est l'auteur, et l'enfant poussé — l'objet, et en ajoutant qu'*odorant* est une manière d'être qui implique et une action et un objet, puisque *odorant* tient lieu de ces deux mots « qui répand de l'odeur », l'enfant pourra facilement trouver, de lui-même, dans chaque phrase qui lui sera proposée, s'agît-il même du monde intellectuel, l'action, son auteur et son objet, c'est-à-dire qu'il en fera ainsi, d'une manière très simple, l'analyse logique. Et quels progrès, par là, ne fera-t-il pas en orthographe ?

L'orthographe consiste en effet dans la manière d'écrire les mots pris abstractivement ou dans leurs rapports avec d'autres mots ; mais surtout dans l'accord du régime des verbes avec certains temps de ceux-ci, quand le régime précède le verbe au lieu de le suivre ; or cet accord présentera peu de difficultés, quand le mécanisme si simple du langage sera bien connu, tandis que le système actuel d'enseignement donne lieu à des difficultés sans nombre, comme nous le verrons dans notre examen de la Grammaire de MM. Noël et Chapsal.

Arrêtons-nous déjà un peu, ici, à ce système d'enseignement.

« La grammaire est l'art de parler et d'écrire correctement. »

La grammaire un art ! Faire un cours de grammaire sous l'empire d'une pareille idée, quels peuvent être les résultats ? C'est ce que nous allons voir.

« Le verbe est un mot qui exprime l'affirmation. »

Quelle exacte définition !

« Il n'y a réellement qu'un seul verbe : le verbe *être.* »

Quelle conséquence !

« Il y a cinq sortes de verbes adjectifs. »

Quelle complication !

« Le sujet est l'objet de l'affirmation marquée par le verbe ; » le complément du verbe est le mot qui complète, qui achève » d'exprimer l'idée commencée par le verbe. »

Quelle clarté, pour des enfants surtout !

Mais il y a mieux :

Distinguer, dans une action, l'auteur de l'objet (et c'est là chose bien facile assurément), voilà tout ce qu'il s'agit de faire dans le premier enseignement des langues. Au lieu de cela, que se passe-t-il ? Voici un exemple d'analyse logique tiré de la Grammaire Noël et Chapsal ; voici l'enseignement qu'ils donnent à l'enfance :

« Le vice est odieux. »

« Cette proposition est une principale absolue : elle est prin- » cipale, parce qu'elle exprime l'objet principal de ma pensée, » et absolue, parce qu'elle a par elle-même un sens complet, in- » dépendant. Le sujet est *vice ;* il est simple, n'exprimant qu'un » seul objet, et incomplexe, n'ayant aucun complément. Le » verbe est *est,* l'attribut est *odieux ;* il est simple, car il » n'exprime qu'une seule manière d'être du sujet, et incomplexe, » parce qu'il n'a aucun complément. »

Il y a là une telle obscurité, que nous-même nous avons de la peine à comprendre. Si la grammaire est la clef des intelligences, on ne s'en douterait guère à ce que l'on vient de lire !

La phrase analysée, qu'est-elle comme langage ? La qualification d'une individualité intellectuelle. Cette phrase est en effet l'équivalente de celle-ci : « Le vice se montre comme chose odieuse. » Ou bien : « Le vice est regardé comme chose odieuse. » Dans le premier cas, action où le vice est auteur et objet tout à la fois : le vice se montre lui-même. Dans le second cas, action où le vice n'est qu'objet. L'auteur, sous-entendu, est l'homme ou l'humanité.

Cette explication, si courte qu'elle soit, est, sans contredit, complète et exacte ; elle est du moins plus claire que celle de MM. Noël et Chapsal.

Tout ce qui est analyse logique dans leur Grammaire offre une complication égale à ce que nous venons de voir; et le résultat le plus assuré, c'est de charger de mots incompris la mémoire des enfants sans rien faire pour leur intelligence, dont le développement est, au contraire, par là, singulièrement entravé.

Résumons nos idées sur la grammaire :

Le langage est une émission de pensées qui se produit sous deux modes ou formes : faits racontés (narration) ; conséquences tirées d'un principe (déduction).

La déduction est du domaine de la logique, qui enseigne à penser juste.

La narration est du domaine de la grammaire, qui enseigne la clarté dans un récit.

Le dictionnaire contient l'énumération complète :

De tout ce qui est individualité (substantifs);

De tout ce qui est manière d'être ou qualité (adjectifs) ;

De tout ce qui est action ou mouvement (verbes) ;

De tout ce qui est manière d'agir (adverbes) ;

Et de ce qui sert à lier ces parties essentielles du discours (articles, prépositions et conjonctions).

La grammaire, elle, s'empare de ces éléments généraux du langage pour régler leur mise en ordre, ou, plutôt, elle s'empare de pensées quelconques pour indiquer le rôle, la fonction de chaque mot dans ces pensées dont elle fait ainsi une véritable dissection, marquée, dans les phrases complexes, par la ponctuation, qui agit comme dissectrice tant à l'endroit des phrases qu'à l'endroit de l'ensemble de toute œuvre littéraire, mais qui règle encore le ton et la marche du langage, et dont nous allons parler à ces différents points de vue.

DE LA PONCTUATION.

Le langage parlé ne se débite ni tout d'une haleine, ni d'un ton uniforme : les pauses et les modulations de la voix y ont une grande part. Le langage écrit ne se borne donc point à des mots; il comprend aussi des signes dits de ponctuation, dans lesquels la voix trouve sa double direction comme ton et comme marche.

La ponctuation, envisagée dans son ensemble, offre deux parties distinctes : accentuation et ponctuation proprement dite

L'accentuation règle la prononciation des mots ; nous n'ajouterons rien à ce que nous en avons dit plus haut.

La ponctuation proprement dite se subdivise en deux branches : l'une s'appliquant à l'ensemble d'une œuvre intellectuelle pour y établir de grandes divisions, et l'autre, s'appliquant aux détails pour régler la prononciation des phrases, c'est-à-dire la marche du discours ou du langage : et il y a là, comme nous l'avons dit, toute une science, bien peu connue encore.

Le dictionnaire exposant les éléments du langage comme signes représentatifs des idées et comme accentuation ; la grammaire les coordonnant pour tout ce qui est narration, et la logique — pour tout ce qui est raisonnement, c'est-à-dire déduction ou discussion, la ponctuation — chose d'ordre — est le complément, ou, plutôt, le perfectionnement du langage : les auteurs y trouvent le développement logique de leurs pensées, et les lecteurs — la direction logique de leur voix dans sa marche et dans ses diverses intonations. L'ordre, la clarté, dans le langage. écrit; le ton, la mesure, dans la lecture à haute voix, tel est donc le double objet de la ponctuation, qui se confond ainsi, dans son but général, avec la logique; la ponctuation rentrant en effet dans la taxiologie.

Bien déterminée, bien comprise, la ponctuation amènera, comme phare posé sur la voie de la cosmologie, ou plutôt de l'universologie, une réforme générale de l'esprit humain.

Elle a, du reste, comme toute autre science, des principes, des règles fixes qu'il s'agit de poser, de développer.

Mais, jusqu'ici, la ponctuation, comme science, est restée à l'état embryonnaire. La Grammaire de Noël et Chapsal « parve- » nue, disent ses auteurs, à sa 40e édition ; mise par l'Univer- » sité de France au nombre des livres classiques, et en usage » dans presque toutes les maisons d'éducation, » cette grammaire ne consacre en effet que trois pages à l'enseignement de la ponctuation! Est-ce assez? Non, assurément, puisque la ponctuation est en réalité l'âme de notre langue. Aussi qu'arrive-t-il? C'est qu'en France on écrit beaucoup sans connaître bien toutes les règles du style; ce qui fait que la lecture à haute voix y laisse beaucoup à désirer.

Il y a une certaine analogie entre un ouvrage d'esprit et une œuvre architecturale : le titre et la préface d'un livre répondent en effet à l'inscription apposée sur un édifice pour en indiquer la destination; l'introduction — à la façade principale; les principes (dans les œuvres de raisonnement) — aux fondations, et la conclusion — au couronnement.

Seulement, dans les deux édifices, la base occupe une place différente, de même que l'achèvement, c'est-à-dire que l'édifice intellectuel découle d'un principe et aboutit à une conclusion, ou bien, en d'autres termes, part d'un point culminant — l'ordre universel — pour descendre jusqu'à nous, tandis que l'édifice matériel repose sur des fondations et aboutit à un couronnement, ou bien, en d'autres termes, part de terre pour se terminer en l'air.

Et il existe encore cette différence entre les deux œuvres : que l'architecte dessine, sur le papier, le plan, la carcasse de son édifice dont l'exécution passe à d'autres mains, tandis que l'écrivain dessine, dans son esprit, le plan, la carcasse de son œuvre, qu'il exécute lui-même.

Pour harmoniser les détails d'une œuvre intellectuelle avec son but et arriver facilement à une juste conclusion, l'auteur doit, tout d'abord, embrasser son sujet d'un seul coup d'œil et l'esquisser à grands traits dans l'introduction; il le divise ensuite en grandes parties sous le nom de titres ou chapitres; chaque chapitre se subdivise en alinéas, et chaque alinéa doit être le développement d'une pensée tout entière, ou plutôt, la même pensée peut employer plusieurs alinéas, et quand on passe d'un ordre de pensées à un autre, c'est par l'élargissement des alinéas que doit s'indiquer ce changement.

Telle est, en effet, la ponctuation d'ensemble, à propos de laquelle nous avons à faire une importante remarque : c'est que quand une conversation roule sur des questions élevées, on fait de la déduction sans le savoir, et que, d'ordinaire, faute d'avoir, tout d'abord, posé le principe, la base vraie de la discussion, la divagation prend la place d'une saine déduction.

La ponctuation de détail s'applique aux alinéas, c'est-à-dire qu'elle fait la dissection des phrases ou des pensées.

Il y a deux sortes de pensées : pensées simples et pensées complexes.

La pensée simple a rarement besoin de ponctuation.

La pensée complexe l'appelle impérieusement, au contraire, tant pour la clarté du langage que pour la marche et le ton de la voix.

Il y a ainsi deux sortes de signes dans la ponctuation : signes logiques et signes musicaux. (Pour la lecture à haute voix d'une œuvre littéraire quelconque, aucun signe n'indique le ton général, qui résulte uniquement de la nature du sujet traité.)

Il est des signes exclusivement musicaux dont nous ne parlerons pas : tels sont, le point interrogatif, le point exclamatif, le point admiratif, le point d'étonnement (composé de deux points admiratifs, ou plus), et le point ironique (point admiratif renversé). Nous dirons seulement que ces différents signes, plutôt d'accentuation que de ponctuation, devraient précéder, plutôt que suivre, les phrases auxquelles ils se réfèrent.

Les signes auxquels nous nous arrêterons, logiques et musicaux tout à la fois, sont ceux ainsi nommés : virgule, — point et virgule, — deux points, — points suspensifs, — parenthèse et tirets.

Quant au point unique, il se trouve, pour ainsi dire, hors de cause : la ponctuation de détail se circonscrit en effet dans la construction des phrases, et chaque phrase devant employer un alinéa tout entier, le point s'en trouve nécessairement exclu ; et, placé à la fin d'un alinéa, il serait une superfétation.

La virgule est, de tous les signes de ponctuation, le plus multiplié.

Séparer les individualités, actions et qualités placées, en séries ;

Renfermer, en guise de parenthèse, les inversions de phrases, inversions très fréquentes dans notre langue ;

Préciser, dans certains cas, le véritable sens des phrases ;

Régler la marche du langage par l'indication des pauses de la voix les plus nombreuses et les plus courtes tout à la fois :

Telle est principalement la destination de la virgule, qui, avec les autres signes logiques de ponctuation, marque le nombre d'émissions de voix ou de pauses renfermées dans un discours.

Nous allons faire connaître l'emploi de la virgule dans chacun des cas indiqués :

« La psychologie et la logique sont deux sciences que l'on peut » à la rigueur réunir en une seule. »

Cette phrase pourrait être prononcée d'une seule haleine ; mais la rapidité de l'émission de voix pèserait sur l'intelligence de l'auditeur ; il faut donc des pauses dans le débit, ce qui rend nécessaire cette ponctuation :

« La psychologie et la logique, sont deux sciences, que l'on peut, à la rigueur, réunir en une seule. »

La marche de la voix est alors plus lente, et l'auditeur plus satisfait.

Les individualités, actions ou qualités qui, dans le discours, se succèdent sans interruption, sont séparées par des virgules, parce qu'à chaque indication la voix doit s'arrêter. Exemple : « La psychologie explique : la nature, l'origine, le développement, et les rapports des facultés de l'âme. »

Si l'on intervertit une phrase, cette inversion a besoin d'être signalée par une pause de la voix et indiquée par deux virgules :

« Quand, en tête de la philosophie, on pose cette question, etc. »

Les locutions adverbiales, qui forment autant d'idées spéciales, se renferment entre deux virgules déterminant, outre le repos, une certaine modification de la voix.

« Deux sciences que l'on peut, à la rigueur, réunir, etc. »

Peut-être même serait-il mieux de renfermer cette locution « à la rigueur », entre deux tirets.

Ce qui est explicatif se distingue, par deux virgules, comme phrase incidente, de ce qui n'est que relatif :

« L'homme, qui est un être de raison, devrait, etc. »

« L'homme qui m'est venu voir ce matin me paraît un pauvre hère. »

Dans le premier cas, les deux virgules — véritable parenthèse — déterminent et une pause et une inflexion variée de la voix.

(Bien d'autres explications seraient nécessaires sur l'emploi de la virgule.)

Le point et virgule sert à séparer différentes phrases ou idées se rattachant à l'idée principale, et commande un repos un peu plus long que la virgule seule :

« L'homme est naturellement désireux de savoir ; il se sent mal à l'aise en présence de l'inconnu ; tout ce qui est mystère l'inquiète et l'aiguillonne ; son ignorance, etc., etc. »

« De ce désir est née la science, etc. »

Dans l'ouvrage d'où cette phrase est extraite (et qui nous a aussi fourni celles citées plus haut, moins une) — nous voulons parler du *Manuel de philosophie* de MM. Jacques, Simon et Saisset, le point, seul, remplace partout le point et virgule; et comme le point indique, ou plutôt devrait indiquer qu'une phrase est complète, il y aurait là autant de phrases complètes que de points, tandis qu'il ne s'y trouve qu'une phrase principale : « L'homme est naturellement désireux de savoir »; les autres phrases ne sont qu'accessoires ; elles doivent être en effet considérées comme précédées de ces mots : « Et la preuve c'est que, etc. »

Avec notre ponctuation, la phrase commençant ainsi : « De ce désir », se présente clairement à l'esprit comme conséquence de la première ; tandis qu'avec les points, multipliés, imaginés par l'auteur, il faut chercher le membre de phrase auquel « de ce désir » se rapporte.

Autre exemple de l'emploi du point et virgule :

« On ne peut rien apprendre : à l'ignorance, qui ne sait pas écouter ; à l'obstination, qui ne le veut pas ; au désir, etc. »

Ce signe, qui précède toujours la plupart des conjonctions, appellerait, lui aussi, d'autres explications.

Les deux points ont pour objet de montrer, d'indiquer une chose, comme du doigt, au moyen de l'un ou de l'autre de ces mots exprimés ou sous-entendus : ceci, voici, ainsi, etc., puis d'annoncer des séries quelconques; et, pour imprimer une pause à la voix, ils tiennent le milieu entre la virgule et le point et virgule.

« La psychologie a pour but de décrire les facultés de l'âme, d'expliquer leur nature, etc. »

Voici quelle doit être la véritable ponctuation de cette phrase :

« La psychologie a pour but : de décrire les facultés de l'âme, etc. »

La construction vraie de la phrase est en effet celle-ci :

« La psychologie a ceci, pour but ou comme but : décrire les facultés de l'âme, etc. »

Ces locutions : « pour but, pour objet, pour cause, » impliquent toujours le mot *ceci* comme sous-entendu.

Les séries doivent toujours être précédées des deux points, à moins qu'elles ne se composent que de deux indications rapprochées.

Les points suspensifs placés dans le courant ou à la fin d'une phrase, commandent un point d'arrêt, une pause plus prolongée que le point et virgule ; ils impliquent en effet une réticence chez celui qui parle, ou bien ils supposent des réflexions apportées dans une réponse : aussi, dans les conversations reproduites par écrit, les points suspensifs doivent-ils apparaître de temps à autre.

Les tirets ont différents emplois, et indiquent une suspension de la voix comme les virgules, qu'ils remplacent parfois.

Quand un membre de phrase donne une définition ; quand, par exemple, le mot *qui* peut être remplacé par *lequel, laquelle*. ce membre de phrase doit être renfermé entre deux tirets.

« En suivant les règles de la méthode expérimentale — qui admet les êtres comme distincts — »

Quand une phrase incidente coupe une autre phrase, on renferme celle-là entre deux tirets :

« Depuis les siècles anciens — où les métallurgistes de l'Asie Mineure changeaient en fer, etc. — on sait, etc. »

« Cette qualité — la plus occulte des propriétés — etc. »

Le tiret sert aussi à indiquer la suppression d'un verbe, et commande encore alors une pause à la voix :

« L'amour de la gloire meut les grandes âmes, et l'amour de l'argent — les âmes vulgaires. »

Les tirets sont nécessaires dans d'autres circonstances, et notamment pour indiquer une pause de la voix un peu moins courte que celle demandée par la virgule.

La parenthèse indique la coupure d'une phrase par une autre

phrase, et détermine une modification bien sensible dans le ton de la voix :

« Mais un fripon d'enfant (cet âge est sans pitié)

» Prit sa fronde, etc. »

Placée à la fin d'une phrase, ou plutôt en alinéa, la parenthèse indique un changement subit dans le cours des idées.

Ce qu'il y aurait à dire sur la ponctuation de détail est loin d'être épuisé ; cependant nous nous en tiendrons là. Seulement, et avant de nous résumer sur l'ensemble de la ponctuation, nous allons donner quelques extraits d'une publication faite en 1852 dans le journal d'une petite ville, sous ce titre : *Un mot sur la ponctuation.*

« La France, disions-nous alors, si fort avancée en toutes choses, est cependant arriérée, et de beaucoup, sur plusieurs points d'importance assez grande : ainsi la France ne sait pas lire (vérité proclamée bien des fois devant moi), et pourquoi ? Parce que la science qui enseigne à bien lire, ou plutôt à bien écrire, est restée, jusqu'ici, à l'état d'ébauche : il n'est pas trop tôt, ce semble, que cette science se forme, se produise enfin.

» ... Une ponctuation exacte et complète aiderait beaucoup à l'intelligence d'un ouvrage, et surtout à une lecture faite à haute voix — en même temps qu'elle ferait disparaître les fautes de style.

» L'entier développement de la ponctuation, rendra inutiles — je le crois, du moins — et l'analyse grammaticale et l'analyse logique, qui ont, du reste, le tort de trop de profondeur pour les jeunes intelligences, auxquelles elles s'adressent.

» C'est surtout pour les maisons d'éducation qu'il faudrait des livres bien ponctués ; peut-être cela suffirait-il pour une complète initiation à l'esprit de notre langue.

» ..... La ponctuation, bien développée, peut avoir, sur la marche de l'esprit humain, des conséquences d'une haute portée ; ce qu'il y a de certain (je ne crois pas me tromper en cela), c'est qu'elle fait reconnaître des fautes de style, tant au point de vue musical, qu'au point de vue de la clarté des idées, même chez nos plus grands écrivains. (Et à l'appui de cette opinion, deux exemples ont été choisis : l'un dans Fénelon, l'autre dans Descartes). »

Voici le morceau-Fénelon, avec la ponctuation de son auteur :

« A la vérité, ma raison est en moi ; car il faut que je rentre sans cesse en moi-même pour la trouver : mais la raison supérieure qui me corrige dans le besoin, et que je consulte, n'est point à moi, et elle ne fait point partie de moi-même. Cette règle est parfaite et immuable : je suis changeant et imparfait. Quand je me trompe, elle ne perd pas sa droiture ; quand je me détrompe, ce n'est pas elle qui revient au but ; c'est elle qui, sans s'être jamais écartée, a l'autorité sur moi de m'y rappeler et de m'y faire revenir, c'est un maître intérieur qui me fait taire ; qui me fait parler ; qui me fait avouer mes erreurs et confirmer mes jugements : en l'écoutant, je m'instruis, en m'écoutant moi-même, je m'égare. Ce maître est partout, et sa voix se fait entendre d'un bout de l'univers à l'autre à tous les hommes comme à moi. Pendant qu'il me corrige en France, il corrige d'autres hommes à la Chine, au Japon, dans le Mexique et dans le Pérou, par les mêmes principes. »

Ce morceau est suivi d'abord de quelques critiques à l'encontre du style :

« La phrase incidente : « car il faut que je rentre sans cesse » en moi-même pour la trouver » — est de construction vicieuse et peu musicale ; elle devrait être ainsi conçue : « car, pour la » trouver, il faut que, sans cesse, je rentre en moi-même. »

« La phrase : « Cette régle est parfaite et immuable : je suis » changeant et imparfait » — comme elle est ponctuée, et à raison d'ailleurs de ce que le mot « régle », ici, n'est pas suffisamment explicite pour désigner la raison supérieure — semble dire : « je » suis changeant et imparfait, régle parfaite et immuable. »

« Quand je me trompe, elle ne perd pas sa droiture ; quand » je me détrompe, ce n'est pas elle qui revient au but ; c'est » elle qui, sans s'être écartée jamais, etc. » Il y a dans cette phrase une antithèse qui n'est pas là où l'auteur a voulu la placer. L'antithése existe, dans l'idée de l'auteur, entre : « se tromper et se détromper », quand, d'après la construction de la phrase, l'antithèse se trouve entre : « ce n'est pas elle et c'est elle ». En effet la première phrase est complète après « droiture », et il faut un point là.

» La construction régulière de la phrase entière devait être celle-ci : le premier membre de phrase maintenu et terminé par point et virgule, et le second — ainsi conçu : « Quand je me dé-» trompe — sans revenir au but (dont elle ne s'écarte jamais), » elle a l'autorité sur moi, etc. » Du reste, cette seconde antithèse n'est pas régulière : ce n'est pas elle qui revient au but; c'est elle qui a l'autorité sur moi, etc. Puis « sans s'être écartée jamais » — est une idée incomplète, et l'ellipse pouvait être évitée par cette tournure bien préférable : « ne s'en écartant jamais ». « Sans s'être écartée jamais » — laisse d'ailleurs supposer la possibilité d'un écart futur.

» Enfin ces derniers mots : « par les mêmes principes » — eussent été mieux placés après ceux-ci : « en France », séparés par une barre : « Pendant qu'il me corrige en France — par les » mêmes principes, il corrige, etc. »

Voici maintenant la ponctuation qui était proposée :

« A la vérité, ma raison est en moi ; car il faut que je rentre sans cesse en moi-même pour la trouver ; mais la raison — supérieure — qui me corrige dans le besoin et que je consulte, n'est point à moi, et elle ne fait point partie de moi-même ; cette règle est parfaite et immuable : je suis changeant et imparfait ; quand je me trompe, elle ne perd pas sa droiture ; quand je me détrompe, ce n'est pas elle qui revient au but ; c'est elle qui, sans s'être jamais écartée, a l'autorité sur moi de m'y rappeler et de m'y faire revenir ; c'est un maître intérieur qui me fait taire ; qui me fait parler ; qui me fait avouer mes erreurs et confirmer mes jugements. En l'écoutant je m'instruis ; en m'écoutant moi-même je m'égare. Ce maître est partout, et sa voix se fait entendre, d'un bout de l'univers à l'autre, à tous les hommes comme à moi ; pendant qu'il me corrige — en France — il corrige d'autres hommes : à la Chine ; au Japon ; dans le Mexique et dans le Pérou — par les mêmes principes. »

Passons au morceau-Descartes, reproduit avec la ponctuation de l'auteur :

« Je suis un être imparfait entouré de choses imparfaites ; et toutefois du sein de cette imperfection, je m'élève par l'irrésistible élan de ma pensée et de mon cœur à l'idée d'une perfection souveraine qui possède dans leur plénitude et unit en soi l'intelligence la puissance la sagesse, tous ces attributs en un mot dont je n'aperçois qu'une ombre en moi-même et autour de moi. D'où me vient cette idée sublime? Elle ne peut sortir de mon fonds imparfait et misérable, et je ne puis pas davantage en avoir trouvé le modèle dans cet imparfait univers ; il reste que cette idée de la perfection me vienne de l'être parfait lui-même, qui l'a mise en moi pour être comme la marque de l'ouvrier, empreinte sur son ouvrage. »

« Essayez de lire suivant cette ponctuation, et vous verrez si c'est là, à raison du sujet, la marche naturelle du langage.

» Voici la ponctuation que je propose :

« Je suis un être imparfait, entouré de choses imparfaites ; et, toutefois, du sein de cette imperfection, je m'élève, par l'irrésistible élan de ma pensée et de mon cœur, à l'idée d'une perfection souveraine, qui possède dans leur plénitude et unit en soi : l'intelligence ; la puissance ; la sagesse ; tous ces attributs, en un mot, dont je n'aperçois qu'une ombre, en moi-même et autour de moi.

» D'où vient cette idée sublime? Elle ne peut sortir de mon fonds, imparfait et misérable, et je ne puis, pas davantage, en avoir trouvé le modèle dans cet imparfait univers ; il reste que cette idée de la perfection, me vienne de l'être parfait lui-même, qui l'a mise en moi, pour être comme la marque de l'ouvrier, empreinte sur son ouvrage. »

» La première ponctuation oblige à une lecture très rapide, en parfait désaccord avec le sujet traité.

» La seconde ponctuation dirige mieux le lecteur, et elle fait reconnaître, en même temps, une faute de style, au point de vue musical, dans la dernière phrase : « qui l'a mise en moi pour, etc. » Il y a là en effet un membre de phrase trop court dans sa première partie et trop long dans sa seconde; peut-être eût-il mieux valu dire : « qui me l'a inculquée — comme la marque de » l'ouvrier, empreinte sur son ouvrage. »

Dans le même journal et à la même époque, nous disions ceci, à propos du langage :

« Est-il vrai que notre espèce en soit encore à se demander : si le langage est d'institution divine ou humaine.

» On lit en effet, dans un ouvrage de philosophie imprimé en 1847 et approuvé par le conseil de l'Université : « Des différents caractères du langage artificiel, on a conclu (c'est là une opinion combattue, il est vrai, par l'auteur de l'ouvrage) qu'il ne pouvait pas être d'institution humaine; et pour démontrer, de plus en plus, que l'homme n'a pu créer le langage, on a prétendu que l'homme ne pouvait penser sans la parole : doctrine qui a pour conséquence nécessaire le dogme de la révélation du langage. »

« Que concluons-nous ? (ajoute notre auteur) Nous nous bornons à conclure (conclusion bien modeste, comme il le dit lui-même) qu'il n'est pas démontré que les hommes aient été incapables d'inventer le langage. »

» Si le langage était d'institution divine, dirai-je à mon tour, l'uniformité le caractériserait — de même qu'il y a un chant commun, uniforme pour chaque espèce d'oiseau.

» Nos sens, nos organes, nos individualités, en un mot, sont, pour ainsi dire, de création divine; aussi offrons-nous conformité de structure.

» La faculté d'inventer est aussi de création divine; mais les inventions — elles — sont œuvres humaines; et il est à remarquer que nos cerveaux, qui recèlent la faculté d'inventer — multiple dans ses résultats — offrent diversité d'organisation.

» ..... En résumé, les inventions qui se produisent successivement sur la terre, sont évidemment l'œuvre immédiate de l'homme et — si l'on veut — l'œuvre médiate de la nature ou de la divinité, et le langage, dans la diversité de ses formes, est incontestablement au nombre de ces inventions; donc il n'est pas l'œuvre immédiate de la nature, à la différence du cri des animaux ou du chant des oiseaux.

» ..... Et je dirai, en terminant, que l'étude approfondie, dans les colléges, de la langue maternelle substituée à l'étude, qui ne peut qu'être imparfaite, du grec et du latin, donnerait, sans contredit, une bien plus grande rectitude aux idées et au jugement des élèves; or, former des esprits uniformément droits, n'est-ce pas là, avec le développement des aptitudes, dans leur diversité, tout l'objet de l'instruction? »

Nous ne voyons rien à changer aujourd'hui à ce que nous disions, en 1852, du langage et de la ponctuation ; et pour nous résumer, quant à la ponctuation, nous dirons :

A la vue d'un imprimé quelconque, la ponctuation apparaît clairement comme dissectrice ; mais le double rôle qu'elle remplit est plus musical que logique.

Son application judicieuse à l'ensemble d'une œuvre littéraire implique l'idée d'un sujet bien conçu avant son développement.

Son application de détail se compose, pour ainsi parler, d'autant de coups de scalpel, qui donnent à chaque partie de l'œuvre, précision et clarté, en même temps qu'ils indiquent, dans la marche du langage, les pauses, si multipliées, de la voix, d'où résulte l'ordre, si nécessaire en toutes choses; l'ordre qui est l'essence même de l'univers.

Combien donc seraient utiles, dans notre instruction première, des leçons spéciales de ponctuation ! Notre langue gagnerait tellement à ce que la ponctuation fût bien connue, que la logique, dont il nous reste à parler, deviendrait alors, pour chacun de nous, une science de facile accès.

DE LA LOGIQUE.

La logique enseigne tous les développements de l'ordre universel chez notre espèce, c'est-à-dire tout ce qui est vérité dans notre domaine intellectuel. (Une vérité, quelle qu'elle soit, rentre en effet, nécessairement, dans le grand ordre.)

Considérée dans son but supérieur et se confondant alors avec la taxiologie, la logique apprend qu'en toute science le principe est un, la vérité — une.

Si, déjà, cela est vrai (et il ne peut pas ne pas en être ainsi), pourquoi, dans ce que l'on appelle religion, tant de cultes si variés? Pourquoi, dans ce que l'on appelle philosophie, tant de systèmes si différents? Pourquoi, dans ce que l'on appelle politique, tant de formes si diverses de gouvernement?

Nous n'entrerons dans le domaine d'aucune de ces sciences, mais nous dirons que puisque l'ordre est l'essence même de l'univers, l'espèce humaine devrait tendre fortement à le réaliser en tout, chez elle.

Et comme une existence normale est chose fort importante pour chacun de nous, nous allons parler, mais en quelques mots seulement, de la médecine et de la morale au point de vue de l'ordre universel.

La vie civilisée ne correspond pas précisément aux vues de la nature ; aussi enfante-t-elle des maladies que ne connaît pas la vie sauvage. Le rôle de la médecine est de les prévenir, autant que possible, par l'enseignement d'une bonne hygiène, et de les guérir, quand elles se manifestent.

La médecine, comme science curative, doit, elle aussi, reposer sur un principe unique, et ce principe ne peut être autre que la purgation, la principale cause des maladies, si non l'unique, ne pouvant être que la corruption des humeurs.

Voici, en effet, ce que nous apprend la taxiologie sur la médecine :

Il y a, entre la vie physique de l'homme et sa vie morale, une intime connexité.

Les agitations morales permanentes et les habitudes physiques de la vie civilisée exercent une incontestable influence sur la masse énorme d'humeurs que renferme notre corps (les quatre cinquièmes environ de notre poids) et qui contractent là bien des causes de corruption ; et la corruption des humeurs peut seule empêcher le jeu régulier de la machine humaine; or leur corruptibilité est chose notoire; donc en expulsant les humeurs corrompues, on rétablit, à coup sûr, le jeu de la machine. (Nous devons dire ici que l'idée du principe qui doit régir la médecine, ne nous appartient pas. Si, comme nous le croyons, ce principe est vrai, est fondé, il devrait mettre un terme à cette anarchie de systèmes qui fait la honte de la science médicale.)

Comme hygiène, deux recommandations sont principalement nécessaires : l'exercice et la sobriété.

L'homme apporte, en naissant, une vocation quelconque plus ou moins prononcée, et qui pousse — dans son sens — à l'action, au mouvement ; d'un autre côté, l'exercice, le travail — dans un but d'utilité quelconque — est une cause certaine de satisfaction, c'est-à-dire ce qu'il y a de plus vrai en fait de distractions. Mais si, par elle-même, la vocation est un stimulant suffisant — quand ce stimulant manque, il faut y suppléer par un autre : l'habitude ; l'habitude du travail donnée à l'homme-enfant, devient en effet, comme on le sait, un besoin, ou, comme on dit, une seconde nature.

Le travail, l'exercice — soit corporel, soit intellectuel —

nous est, pour ainsi dire, indiqué par le mouvement perpétuel de l'univers, et l'homme inactif, inoccupé, en proie qu'il est à l'ennui, à l'énervement, accomplit, il faut le reconnaître, une bien pauvre existence.

La sobriété est regardée, on le sait, comme un des plus grands médecins de l'humanité ; n'est-il pas en effet illogique, contraire à notre nature, de s'entasser dans l'estomac des mets, des spiritueux nombreux et variés ?

Une chose contribue encore à la santé, c'est la propreté, qualité d'autant plus précieuse, qu'elle implique, d'ordinaire, chez l'homme qui en a le goût, des habitudes générales d'ordre.

Si la santé physique est chose importante, la santé morale ne l'est pas moins ; mais l'hygiène à suivre ici est facile à connaître ; car l'ordre universel lui-même y a pourvu directement dans la conscience, qui parle en effet assez haut chez chacun de nous pour nous diriger sûrement dans cette voie.

Et puisque la conscience humaine est une émanation directe de l'ordre universel, c'est marcher d'accord avec cet ordre que de suivre les inspirations de la conscience ; c'est, par là, se procurer, à coup sûr, la santé morale, dont la santé physique ne peut que se bien trouver. Rompre au contraire avec la conscience, la méconnaître, c'est se mettre en révolte ouverte contre l'ordre universel, et alors, de fâcheuses préoccupations, les troubles de la conscience sont, pour l'existence morale, un véritable enfer, et pour l'existence matérielle une cause d'abréviation.

La santé physique et la santé morale ont en effet de la connexité, et elles peuvent, seules, constituer la vie normale, ou plutôt l'existence proprement dite.

Or, habitude du travail, pratique de la sobriété et de la propreté, et surtout soumission absolue à la conscience : telles sont les conditions dans lesquelles l'homme doit être élevé.

Pour en revenir à la logique et à ses enseignements, nous dirons :

Les principes des sciences sont autant de manifestations de l'ordre universel, c'est-à-dire autant d'idées génératrices de conséquences forcées ; et la saine interprétation de l'ordre universel constitue la logique, c'est-à-dire le langage, dans sa plus haute expression. (Le mot *logique*, comme désignation de science, est un terme impropre, et qui devrait être remplacé par le mot *logologie*, ou plutôt ce dernier mot devrait remplacer celui de *grammaire ;* quant à la science aujourd'hui désignée par le mot logique, c'est le nom de *principologie* (science des principes) à lui appliquer ; et comme les principes ou vérités appartiennent à l'ordre universel, la logique, ou plutôt la principologie vient se fondre dans une science nouvelle appelée taxiologie, dont nous dirons un mot avant de nous séparer du lecteur.)

Ici se termine notre œuvre.

Il ne nous reste plus qu'à en faire un résumé général et à en tirer la conclusion.

RÉSUMÉ GÉNÉRAL ET CONCLUSION.

La terre est en révolution constante autour du soleil, et, quoique son mouvement soit extrêmement rapide, il est tout à fait insensible pour nous, à ce point que l'on a longtemps cru que c'était au contraire le soleil qui tournait autour de la terre. (Là est le mouvement perpétuel, que l'homme cherche vainement à créer, et dont il ne s'occuperait guère, s'il se faisait une juste idée de l'éternité.)

L'homme arrive nu sur la terre pour y rester bien peu de temps en passant par ces trois phases : enfance, maturité, décadence, de même que tous les autres êtres du règne animal et tous ceux du règne végétal.

L'homme est doué de sens qui le mettent en rapport avec tout ce qui l'environne, et d'une mémoire qui garde, pour ainsi dire, l'empreinte de tout ce qui agit sur lui.

L'homme possède, de plus, la faculté de produire des sons et de les varier à volonté.

Cette organisation, commune à tous, impliquait, pour l'espèce humaine, des rapports intellectuels, des échanges de pensées ; on en est venu en effet à convenir de la désignation de toutes choses par des modulations de la voix s'identifiant, pour ainsi dire, avec ce qu'elles indiquent, et auxquelles l'écriture et l'imprimerie donnent comme individualisations, des formes, des figures appelées lettres, mots, phrases, etc.

L'homme ne connaît qu'extérieurement les choses qu'il voit, c'est-à-dire que la plante la plus modeste, dans sa formation, dans son développement, ou plutôt la moindre parcelle d'un corps simple quelconque, est, pour l'homme, un mystère non moins impénétrable que la marche des astres et des planètes dans ce qui la détermine ; c'est donc aux formes, aux qualités extérieures des objets que s'arrête le langage. Aussi cette pensée du poëte latin :

Felix qui potuit rerum cognoscere causas,

n'a-t-elle pas sa raison d'être.

En d'autres termes, le but du langage est l'indication de toutes choses par des appellations distinctes ; mais chaque chose se présente sous deux aspects : dans son mode d'existence et dans son essence. Le mode d'existence est seul de notre domaine ; quant à l'essence, elle nous échappe complétement, d'un côté parce que la matière est susceptible d'une infinie divisibilité, et d'un autre côté, parce que la matière organisée rentre, sous ses différentes formes, dans l'essence même de l'univers : et c'est ainsi que nous sentons l'odeur d'une rose, et que nous ne pouvons savoir ce qui détermine cette odeur ; c'est ainsi que nous voyons les astres et les planètes — malgré leur immense mobilité, conserver un ordre constant, inaltérable, et que nous ne pouvons savoir ce qui détermine cet ordre.

Les relations de langage roulent sur deux choses : narrations et discussions — conversations et monologues.

La narration expose clairement ce qu'elle veut faire connaître, c'est-à-dire que, chargée de raconter des faits, elle doit éviter la confusion.

La discussion, chargée de fixer des choses douteuses, doit tout d'abord s'élever jusqu'aux principes qui les régissent, c'est-à-dire jusqu'au point culminant du sujet, et ne jamais perdre de vue son point de départ, afin d'éviter toute erreur.

Le langage, parlé ou lu, doit être plutôt lent que rapide, surtout dans l'enseignement des sciences ; aussi les pauses de la voix doivent-elles être très multipliées : ce qu'indiquent, dans les livres et l'écriture, des signes peu nombreux, mais souvent reproduits. De telle sorte qu'une œuvre littéraire peut être considérée comme un vaste tableau dont toutes les parties sont nettement accusées; ou, plutôt, le langage, consistant en une suite d'idées sous le nom de phrases, et ces phrases devant être clairement distinguées les unes des autres, de même que les différentes parties de chaque phrase, un écrivain, quelque sujet qu'il traite, esquisse d'abord à grands traits, dans son esprit, le cadre ou la charpente de son œuvre ; puis il applique à chaque phrase, sous le nom de ponctuation, une dissection véritable, tant pour en bien fixer et préciser le sens, que pour régler, dans une lecture faite tout haut, le ton et la marche de la voix. Cette dissection n'est point arbitraire; elle est au contraire soumise à des règles — qu'il est important de bien connaître, car ce n'est que par là que nos idées et notre jugement lui-même peuvent acquérir toute leur rectitude; et comme la ponctuation établit des gradations dans les pauses de la voix et des modulations dans son ton, le simple langage est en fait une véritable musique.

Le langage, au fond, se réduit à une seule chose : narration, et une seule phrase suffit à expliquer tout le langage. La base de toute narration est en effet ceci : deux individualités et une action, action dans laquelle, au point de vue de la grammaire, il n'y a qu'à distinguer l'auteur et l'objet; et la base de toute discussion est une action intellectuelle ou morale mise en rapport avec le principe dont elle ressort, pour voir, au point de vue de la logique, leur accord ou leur désaccord. Mais là encore il y a narration, en posant le principe comme point de départ du raisonnement; ce qui doit toujours avoir lieu dans la discussion.

En un mot, le langage sert, par la parole et l'écriture — quand il s'agit de narration — à reproduire, pour l'auditeur ou pour le lecteur, toutes choses absentes, et à les lui présenter dans des circonstances très diverses, très multipliées; et, quand il s'agit de discussion, à rapprocher ce qui fait question de ce que la logique pose comme principe sur la matière.

La narration ou le simple langage est facile à tous : s'il n'en est pas de même de la discussion (les principes ne sont, en somme, comme on l'a vu, que les développements de l'ordre universel), c'est qu'il nous manque deux choses, vrais prolégomènes de la logique : une grammaire établie sur de bonnes bases, et une ponctuation bien développée.

Appelons donc de tous nos vœux, et cette grammaire, et cette ponctuation.

Telle est notre conclusion, qui va surtout se recommander d'un examen critique de la Grammaire de MM. Noël et Chapsal.

DE LA GRAMMAIRE NOËL ET CHAPSAL.

L'Académie française n'a point encore fait de grammaire : c'est là, pour notre nation, une lacune bien regrettable. La Grammaire de MM. Noël et Chapsal, arrivée à sa quarantième édition, doit être considérée comme le code suprême de la langue française; c'est du moins ainsi que nous l'envisageons, et à ce titre elle appelle un sérieux examen. Or, indépendamment de ce que cette grammaire présente de vicieux dans son plan, dans l'exiguïté de sa partie consacrée à la ponctuation, et dans le rôle qu'elle assigne au verbe, nous allons signaler, dans l'édition citée plus haut, et en reproduisant les numéros sous lesquels on les rencontre, des défectuosités en assez grand nombre, qui nous paraissent flagrantes.

« La grammaire française est l'art de parler et d'écrire cor-
» rectement en français.» (Nº 1.)

Inutile de redire ce qu'a de malheureux un pareil début, qui désigne comme art la clef des intelligences ; ce que l'on peut appeler le vestibule de la logique, ou plutôt de la taxiologie.

« La consonne *h* est muette ou aspirée.» (12.)

Et rien, nulle part, qui signale, d'une façon quelconque, cette distinction : pourquoi ne pas parler de la nécessité d'un signe indiquant l'aspiration ou plutôt la non-aspiration de l'*h*, quand cette lettre commence un mot mis au pluriel. Dans : *ces horreurs*, *ces héros*, la distinction de l'*h* ne réclame-t-elle pas en effet une indication quelconque? indication non moins nécessaire assurément que l'accent circonflexe de l'*a*, par exemple, dans le mot *âme*.

« Le genre, dans les substantifs, est la propriété qu'ils ont de » représenter la distinction des sexes. » (29.)

Le substantif désigne une ou plusieurs individualités : voilà son rôle.

Quant à la propriété qu'on lui assigne et que l'on pose comme règle absolue, de représenter les sexes, c'est là une véritable hérésie, précisément du moins, à l'égard du règne animal. En effet, cette distinction ne se rencontre que rarement — dans les noms d'oiseaux, par exemple — c'est-à-dire que, presque toujours, le même mot, masculin ou féminin, désigne le mâle et la femelle : *pigeon*, *chardonneret*, *pie*, etc.

« L'usage assigne, mais arbitrairement, l'un et l'autre genre » aux êtres inanimés, qui cependant ne devraient point avoir de » genre. » (29.)

Autre hérésie : il ne peut y avoir d'arbitraire que là où il y a choix possible, et la distinction des genres, pour les choses inanimées, est de l'essence même de notre langue. En effet, on ne pourrait pas plus dire : *un rivière* qu'*une fleuve*.

« Exceptions à la règle générale de la formation du pluriel » dans les substantifs. » (34).

A l'égard de certains substantifs, l'usage ou plutôt l'oreille est pour beaucoup dans la formation du pluriel ; — comme c'est là, dès lors, affaire de goût, plutôt que de logique, il n'y a point à discuter pour ces substantifs ; point de règles à poser.

« *Bétail* n'a pas de pluriel. » (35).

Bestiaux est cependant un mot très usité et parfaitement compris.

« Les substantifs terminés par *ant* et par *ent* conservent ou perdent le *t* au pluriel. » (36).

Pourquoi admettre la suppression d'une lettre dans ces mots : *diamants*, *appartements* ? Est-ce parce que la lettre retranchée est muette? Mais il y a beaucoup de lettres muettes que l'on conserve ; c'est donc ajouter inutilement une complication à notre orthographe, déjà si compliquée, et c'est d'ailleurs se mettre en opposition avec l'Académie, ainsi que MM. Noël et Chapsal le reconnaissent eux-mêmes.

« Si l'on dit : *La gloire des armées*, *le désir de plaire*, *des* » *armées* est le complément *de gloire* ; de *plaire* est le complé- » ment de *désir*. » (36 *bis*.)

Le mot latin *bis* indique que c'est après réflexion que MM. Noël et Chapsal se sont arrêtés à cette idée : de *complément* du substantif. Il faut reconnaître que la réflexion les a mal servis. *Complément* veut dire : ce qui complète, ce qui achève ; or, on peut bien dire le « complément d'une phrase, d'une idée » ; mais on ne peut pas plus dire : « complément d'un substantif », que « complément d'un verbe. »

Le substantif tiré d'un verbe, exprime une action individualisée, et quand on y joint un autre substantif, ce second substantif indique un objet se référant à cette action, et n'est point un complément : *plaire* est en effet ici l'objet du désir, et non son complément.

Le substantif tiré d'un adjectif, exprime une manière d'être individualisée ; mais alors les rôles changent, c'est-à-dire que le premier substantif devient objet par rapport au second. Quand on dit *la gloire des armées*, c'est en effet comme si l'on disait : « la gloire qui appartient aux armées ».

« Nous n'avons en français qu'un article : *le*, *la*, *les*. » (37.)

Et pourtant sous le n° 45, MM. Noël et Chapsal parlent des articles : *au*, *aux*, *de*, *du*, *des* ; il y a là une évidente contradiction.

On doit en effet considérer comme articles : *à*, *au*, *aux*, *de*, *du*, *des*.

« La contraction consiste dans la réunion de l'article *le*, *les*, » avec une des prépositions *à*, *de*. C'est par contraction que » l'on dit : AU *pain*, pour A LE *pain*; DES *fruits*, pour DE LES » *fruits*. » (45.)

Au, *des*, étant des articles, de l'avis de MM. Noël et Chapsal eux-mêmes, il n'y a pas là de contraction. Dans cette phrase, par exemple : « Des armées nombreuses ont autrefois existé », *des* est-il mis pour *de les*?

« Un adjectif qualificatif composé de plusieurs mots équiva-
» lant à un seul, comme *mort-ivre*, *nouveau-né*, se nomme
» adjectif composé. » (51.)

Il y a ici plusieurs remarques à faire.

Et, d'abord, dans *mort-ivre*, *mort* serait invariable, parce que cet adjectif remplacerait l'adverbe mortellement, c'est-à-dire qu'il devrait être pris dans un sens figuré, et non dans son sens propre. Ce serait, en effet, comme s'il y avait : « ivre à ne plus pouvoir bouger », ou bien : « ivre comme s'il était mort. » Et ce qui le prouve, c'est que si l'on employait le pluriel au lieu du singulier, *morts-ivres*, *mortes-ivres*, la signification prédominante serait celle se rattachant aux mots : *morts*, *mortes*. Du reste, *mort-ivre* ne doit pas se dire, et doit être remplacé par : *ivre-mort ; ivre-morte* au féminin ; de même que l'on doit écrire : *nouveaux-nés*, au pluriel, contrairement à l'opinion de l'Académie, et que l'on doit dire : *nouvelle née* au féminin, contrairement à l'opinion de Napoléon Landais ; on dirait en effet : *nouveaux-venus*, *nouvelles-venues*.

« Le substantif peut être employé comme adjectif : *Il était*
» BERGER *et il devint* ROI. » (52.)

Les distinctions, les titres créés par les sciences, constituent des êtres, des individualités — réelles et de convention tout à la fois : empereurs, ministres, préfets, etc., en politique ; or le substantif reste ici substantif, c'est-à-dire indication d'individualité, en ce que l'adjectif : *un*, est deux fois sous-entendu. C'est en effet comme s'il y avait : « Il était un berger, et il devint un roi. » Et la preuve, c'est que deux adjectifs ne peuvent pas se suivre sans séparation : or, s'il y avait : « De mauvais berger, il devint bon roi », on ne pourrait certainement pas séparer : *mauvais* de *berger*, — *bon* de *roi*.

« De même, l'adjectif peut être employé comme substantif :
» *les hypocrites*, *l'utile*. » (52.)

Erreur : il y a là deux substantifs sous-entendus ; c'est en effet comme si l'on disait : « les hommes hypocrites ; la chose utile. »

« *Auteur*, *professeur*, *littérateur*, *docteur*, *successeur*, *agres-*

» *seur*, *imposteur*, *graveur*, ne changent point au féminin. » (55, section 8, *in fine.*)

Erreur, en ce que l'on peut très bien dire : « auctoresse, professoresse, littératrice, doctoresse, successrice, agresseuse, imposteuse, graveuse. »

« *Témoin* et *grognon* servent pour les deux genres. » (55, section 9.)

Dans le sens d'assister seulement, *témoin* sert pour les deux genres ; dans le sens de témoigner, *témoin* ou plutôt *témoigneur* fait au féminin *témoigneuse*.

« *Châtin*, *fat*, *dispos*, *aquilin*, ne s'emploient pas au féminin. » (55, section 9).

Erreur : il est peu de passe-ports qui ne parlent de barbe châtaine ; de même on peut dire : « fate, dispose, aquiline. »

« Les mots qui complètent la signification de l'adjectif en sont » le complément : *homme enclin* AU VICE. » (60 *bis.*)

L'adjectif est un mot qui implique un verbe et un substantif, c'est-à-dire une action et son objet, et le substantif qui y est joint indique le but de l'action : « homme enclin au vice, » c'est comme s'il y avait : « qui a de l'inclination au vice ou vers le vice. »

« Il y a quatre sortes d'adjectifs déterminatifs : numéraux, » démonstratifs, possessifs, indéfinis (63). Il y a deux sortes » d'adjectifs numéraux : cardinaux et ordinaux (65). Il y a de » plus l'adjectif qualificatif simple (49) et l'adjectif qualificatif » composé (51). »

Voilà bien de la complication pour une grammaire. Ne suffirait-il pas de dire : l'adjectif est un mot qui, ajouté au substantif et en prenant le genre et le nombre, implique tout à la fois action faite par ce substantif et l'objet de cette action ; et, quand il est suivi d'un autre substantif, ce second substantif indique le but de l'action : *être bon* équivaut à dire « avoir de la bonté », et *être bon pour ses enfants* — « avoir de la bonté pour ses enfants. »

« Il y a cinq sortes de pronoms. » (76.)

Inutile complication : *moi*, *nous*, *eux*, peuvent être rangés dans la classe des substantifs, et les quatre autres pronoms — dans la classe des adjectifs.

« Le verbe est un mot qui exprime l'affirmation (87). Le sujet » est le mot qui représente la personne ou la chose qui fait l'ac- » tion du verbe (91). Le complément du verbe est le mot qui » complète, qui achève d'exprimer l'idée commencée par un » verbe (92). »

Le verbe est le point culminant du langage, et pourquoi? C'est parce que le verbe exprime essentiellement, non une affirmation, mais une action quelconque, c'est-à-dire le mouvement, la vie.

L'erreur de MM. Noël et Chapsal, dans leur définition du verbe, est facile à démontrer. Quand on dit, par exemple : *j'irai, je verrai*, il n'y a pas là d'affirmation, ce semble.

MM. Noël et Chapsal s'étant ainsi fourvoyés sur le principe du langage, d'autres erreurs devaient nécessairement s'ensuivre ; et, déjà, dans la qualification de sujet donnée à l'auteur de l'action, n'y a-t-il pas là un complet renversement d'idées?

Maintenant, y a-t-il des compléments pour les verbes?

Tout verbe exprime, d'une manière complète, une action quelconque, de même que tout substantif désigne une individualité quelconque. Une action peut s'exercer sur deux individualités à la fois et d'une manière différente. Dans cette phrase : « Donner une pomme à un enfant, » *pomme* est l'objet de l'action ; *enfant* en est le but.

L'objet s'indique par l'article *le*, *la*, *les*, *de*, *du*, *des*, et le but par les articles *à*, *au*, *aux*, ou par une préposition.

Dans certains verbes pronominaux le but s'indique par *de*, *du*, *des*, parce que le pronom s'y trouve être l'objet de l'action.

Dans les verbes passifs, l'auteur se trouve placé après l'action et précédé du mot *de* ou *par*.

Indiquer une action quelconque, tel est donc le propre de tout verbe, et quand on dit : « Le soleil est brillant, » c'est comme si l'on disait : « Le soleil apparaît, se montre brillant. »

C'est ainsi qu'*être*, synonyme d'exister, signifie tenir, posséder l'existence.

« Il n'y a réellement qu'un verbe, qui est le verbe *être*.» (88.)

C'est précisément dans le choix de ce type qu'est le vice capital du système d'enseignement de MM. Noël et Chapsal.

« Quand le verbe se présente sous sa forme simple, on l'ap-
» pelle verbe *substantif*, parce qu'alors il subsiste par lui-
» même. » (89.)

Que veut dire cela : « Un verbe qui subsiste par lui-même? » Nous avouons ne pas comprendre.

« Lorsque le verbe se présente sous une forme composée,
» réunissant le verbe *être* et un adjectif, on le nomme verbe
» *adjectif*. » (90.)

Je marche... Voilà une action toute simple; pourquoi chercher là le verbe *être* et un adjectif?

« Le sujet est l'objet de l'affirmation marquée par le verbe. » (91.)

Le verbe n'affirme rien ; il désigne un mouvement, de même que le substantif désigne une individualité : or un mouvement, quel qu'il soit, rattache nécessairement une individualité à une autre; c'est-à-dire : nulle phrase sans verbe, nulle idée complète sans deux individualités et un mouvement qui la constituent, et de ces deux individualités, l'une fait l'action et l'autre la subit ou la supporte. Il faut donc appeler acteur ce que MM. Noël et Chapsal appellent sujet; de même qu'il faut appeler objet, sujet ou régime, ce qu'ils appellent complément.

« Le complément du verbe est le mot qui complète, qui achève
» d'exprimer l'idée commencée par un verbe.» (92).

Ce qui est appelé complément d'idée ne peut pas être complément d'un verbe.

« Il y a cinq sortes de verbes adjectifs. » (98.)

Le mot *adjectif* est de trop.

« Le verbe impersonnel a toujours pour sujet apparent le mot
» vague : *il*. » (106.)

Le verbe impersonnel indique une inversion ; c'est ainsi que l'on dit : « Il est nécessaire d'étudier, » pour : « Étudier — ou l'étude — est chose nécessaire. »

Il implique aussi une abréviation : « Il pleut, il tonne, »

remplacent : « La pluie tombe, le tonnerre se fait entendre. »

« Il y a quatre conjugaisons ou classes de verbes. » (131).

On doit en compter six, à cause des verbes *être* et *avoir* qui ne se conjuguent comme aucun des autres.

« On dit avec une seule *l* ou un seul *t* : *nous appelons*, *il jeta*, » la voyelle qui suit n'étant pas un *e* muet.» (138.)

C'est plutôt parce qu'ici l'oreille l'emporte sur la logique.

« L'Académie ne double jamais le *t* dans le verbe *ache-* » *ter*, etc. Rien ne nous paraît motiver cette exception (139). »

L'Académie a parfaitement raison, parce que là, encore, c'est l'oreille qui décide.

C'est par la même raison que l'on écrit (143) : *je paierai*, et non *je payerai*.

« *Grasseyer*, par raison de prononciation, prend plus généra- » lement un *y* qu'un *i*. » (143.)

Ce n'est pas par raison de prononciation que l'*y* se reproduit partout dans le verbe *grasseyer;* c'est la logique qui le veut, parce que partout l'*y* grec y tient lieu de deux *i*.

« Le verbe *bénir* a deux participes passés : *bénit*, *bénite*, et » *béni*, *bénie*.» (146.)

Erreur : *pain bénit*, *eau bénite*, sont en effet deux locutions vicieuses, car on n'écrirait pas : *vin bénit*, et l'on ne dirait pas *brioche bénite*. Est-ce que d'ailleurs on pourrait dire : « Voici de l'eau qui a été bénite ? »

« Les temps du subjonctif ne s'emploient pas interrogati- » vement.» (154.)

Il faut cependant reconnaître que l'imparfait du subjonctif est susceptible d'inversion, ainsi que les autres temps du verbe, et l'emploi judicieux de cette inversion implique plus que quoique ce soit, la connaissance approfondie du langage. On doit dire, en effet : *Voulussé-je*, plutôt que « quand je voudrais » ; *aimassiez-vous mieux*, plutôt que « quand vous aimeriez mieux », etc., etc. Les plus grands écrivains eux-mêmes sont quelquefois en défaut sur ce point.

« Le participe est un mot qui tient de la nature du verbe et » de celle de l'adjectif. » (199.)

Le participe est un des temps du verbe, et n'est pas autre chose.

« Les signes orthographiques sont..... la parenthèse.» (223.)

La parenthèse appartient aux signes de ponctuation, et non aux signes orthographiques ou d'accentuation.

« On appelle *proposition* l'énonciation d'un jugement.» (287.)

Voir notre introduction — à l'encontre de ceci.

« La proposition considérée grammaticalement... considérée » logiquement...» (289.)

Il faut dire tout simplement : « La proposition est une idée ; une phrase ; une action placée entre deux individualités. »

« La proposition considérée logiquement contient trois par- » ties : le sujet, le verbe et l'attribut. Le sujet (ce que nous » appelons l'acteur) est l'idée principale ; l'attribut (ce que nous » appelons l'objet) est l'idée accessoire... Le verbe lie l'attri- » but au sujet. » (290.)

C'est ici surtout que se montre à nu le vice du système Noël et Chapsal.

Et en effet, *idée* et *phrase* se confondent ; or, une phrase, une idée se compose de plusieurs mots qui, tous, sont nécessaires ; pourquoi donc cette distinction du principal et de l'accessoire ? Et pourquoi d'ailleurs chercher dans une phrase autre chose que ce qui y est réellement : action, acteur, objet, but ou consistances.

« Outre ces trois parties logiques, essentielles (sujet, verbe, » attribut), il en existe une quatrième, purement grammati- » cale, et qui ne sert qu'à faciliter l'émission complète de la » pensée, c'est le complément. » (204.)

Si cette quatrième partie est purement grammaticale, elle ne peut être appelée logique ; comment concilier cela, d'ailleurs, avec la qualification donnée au mot *complément* lui-même ? mot qui complète, qui achève d'exprimer l'idée commencée par le verbe. Il y a là une espèce de contradiction.

D'un autre côté, cette distinction : partie logique, partie grammaticale, peut être fondée ; mais elle ne paraît pas facile à saisir.

« Exemple d'un complément logique : *Un homme avare est » un être malheureux.* » (295.)

C'est faire là un choix malheureux lui-même ; cet exemple renferme en effet un pléonasme, car l'idée serait suffisamment rendue par ces trois mots : « L'avare est malheureux. »

« La culture de l'esprit élève l'homme. » (296.)

Autre exemple malheureux de complément logique, en ce que l'idée est mal rendue ; il suffisait en effet de dire : « L'esprit élève l'homme » ; *esprit*, employé seul impliquant l'idée d'esprit développé, tandis que la culture d'un esprit ingrat peut rester stérile.

« Le verbe *être* a par lui-même une signification com- » plète. » (300.)

Le verbe *être* n'a qu'un sens qui lui soit propre, c'est comme synonyme d'*exister*, et alors il ne diffère en rien des autres verbes ; autrement il sert à constituer les verbes passifs, et il en fait partie intégrante.

« Le sujet et l'attribut sont simples ou composés ; complexes » ou incomplexes (301). Il y a deux sortes de propositions : la » principale et l'incidente (309). Il y a deux sortes de proposi- » tions principales : la principale absolue et la principale rela- » tive (310). Il y a deux sortes de propositions incidentes : » l'incidente déterminative et l'incidente explicative (314). La » proposition est encore pleine, elliptique ou implicite (316). »

Et c'est à des enfants que l'on donne un pareil enseignement ! combien d'adultes eux-mêmes ne le comprendraient pas.

« 321 et suivants. »

Il y a sous ces numéros des modèles d'analyse logique semblables à celui dont nous avons parlé en traitant de la grammaire ; nous devons répéter ici qu'un pareil enseignement ne peut qu'amortir l'intelligence des enfants, loin d'aider à son développement.

» *Amour*, quand il signifie l'attachement d'un sexe pour » l'autre, est féminin au pluriel : *de* FOLLES *amours*. » (338).

Folles amours ne peut pas plus se dire que l'on ne pourrait dire : *grandes amours, violentes amours.*

L'amour sexuel ou sensuel est le plus vif de tous les amours, celui qui a le plus de concentration, le plus d'unité; c'est donc *fol amour* que l'on doit dire, et non *folles amours*.

« 338 (*bis*). »

Il ne faut pas, sans besoin, créer des bizarreries dans notre langue, qui en offre déjà trop d'inévitables; et puisque l'on dit *un grand délice*, on doit dire *de grands délices;* de même qu'il faut dire : *de beaux orgues*, puisque l'on dit : *un bel orgue.*

« 339 et 340. »

Inutile aussi, par conséquent, de féminiser *aigle* et *automne.*

« UN *couple d'amis*, UN *couple de fripons* », locution employée » par Noël et Chapsal, d'après l'Académie. » (341.)

Le mot *couple* employé isolément est masculin et désigne la réunion de deux êtres de sexes différents; il faut dire dès lors : *une paire d'amis, une paire de fripons*, et non *un couple d'amis, de fripons.*

« *Gens* veut au féminin tous les correspondants qui précèdent : » TOUTES *les méchantes gens.* » (345.)

Erreur : il n'y a que l'adjectif qui précède immédiatement qui se féminise par euphonie.

Ainsi l'on doit dire : « Tous ces bonnes gens, que veulent-ils? Tous ces méchantes gens, que mériteraient-ils? »

C'est là, à vrai dire, une affaire d'oreille.

« 346. »

Pourquoi deux genres au mot *hymne*? le féminin lui convient seul : *hymne guerrière.*

« Il a fait *quelque chose* qui mérite d'être *blâmé; quelque* » *chose* qu'il ait *dite.* » (347.)

Quelque chose n'est bien placé ni dans l'une ni dans l'autre de ces deux phrases. On dira bien : « Est-ce qu'il a fait *quelque chose* qui mérite d'être blâmé? » Mais on ne peut pas dire : « Il a fait *quelque chose* qui mérite d'être blâmé. » Cette dernière idée ne peut être en effet qu'ainsi exprimée : « Il a fait *une chose* qui mérite, etc. »

On dira bien : « *Telles choses* ou *quelles choses* qu'il ait dites, etc. ; » mais on ne peut pas dire : « *Quelque chose* qu'il ait dite. »

« La France a eu ses *Césars* et ses *Pompées.*» (350.)

C'est pour ne pas dire : « des émules de César et de Pompée, ou bien des généraux à la César, à la Pompée ; il n'y a là, en effet, d'allusion qu'à un individu dans l'un et l'autre cas, et dès lors *César* et *Pompée* doivent être mis au singulier.

« L'adjectif précédé de plusieurs substantifs de genres diffé-» rents se met au pluriel et prend le genre masculin. » (377.)

Erreur : l'oreille, ici, l'emporte sur la logique, ou plutôt la pensée ne s'arrête alors qu'au dernier substantif : « Ce jeune homme a un ton et des manières étonnantes ; » l'espèce de synonymie existant ici entre les deux substantifs veut d'ailleurs la suppression de la conjonction *et* ; plus de difficulté, dans ce cas, pour l'accord de l'adjectif : « Ce jeune homme a un ton, des manières étonnantes. »

« L'oreille veut qu'on dise : *Il a montré une prudence et un* » *courage étonnants*, et non pas *un courage et une prudence* » *étonnants.* » (378.)

On pourrait très bien dire, on doit même dire, justement parce qu'ici c'est l'oreille qui décide : « Il a montré un courage et une prudence *étonnante.* »

« 421 à 426, inclusivement. »

Ces numéros paraissent renfermer autant de fautes que de règles.

Et d'abord, *quelque* n'est rien autre chose qu'un article numéral indéterminé, qui ne s'emploie guère qu'au singulier, et qui s'écrit invariablement *quelques*, au pluriel.

Quel suivi de *que* et d'un verbe s'accorde en genre et en nombre avec le substantif qui suit, mais seulement lorsqu'il peut se remplacer par *qui*. Exemple : « Quelles que soient les personnes qui viennent, ne leur ouvrez pas. » *Quelles*, ici, pourrait être remplacé par *qui* : « *qui* que soient les personnes, etc. » — « *Quels* que soient les humains, il faut vivre avec eux. » *Quels* ne pourrait être remplacé ici par *qui*, mais par *quoi* ; dès lors cette phrase est vicieuse. Il fallait dire : « Tels que soient les humains; » ou bien : « Quoi que soient les humains. » — « Prince, quelques raisons que vous me puissiez dire, » est une faute; il fallait : *telles raisons*. Et si l'on veut retourner la phrase, cette faute apparaît dans toute son évidence; on dirait, en effet, alors : « Prince, vous me direz telles raisons que vous voudrez, » et non « quelques raisons ».

« Quelque puissants qu'ils soient, — quelque considérés que » nous soyons, — quelque adroitement qu'ils s'y prennent. »

Il faut remplacer ces *quelque* par : *si*, *tout* ou *tellement*, et dire : « *Tout* ou *si* puissants qu'ils soient; *tout* ou *si* considérés que nous soyons; *tout* ou *si* adroitement qu'ils s'y prennent. »

« Quelques grandes richesses que vous possédiez. »

C'est *telles* grandes richesses qu'il faut dire.

« Quelques vains lauriers que promette la guerre. »

C'est *tels* vains lauriers qu'il faut dire.

Tel qu'il soit doit être préféré à *quel* qu'il soit; *tellement* riche ou *si* riche qu'il soit, à *quelque* riche qu'il soit; *telles* richesses que vous ayez, à *quelques* richesses que vous ayez.

« Quand plusieurs substantifs composant le sujet sont unis » par la conjonction *ou*, le verbe s'accorde avec le dernier sub- » stantif, comme frappant le plus l'esprit : *La faiblesse ou* » *l'inexpérience nous* FAIT *commettre bien des fautes*. » (503.)

On ne comprendrait guère qu'ici le verbe pût être mis au pluriel, et alors on ne voit pas pourquoi le verbe s'accorderait plutôt avec le dernier substantif qu'avec le premier; il y a mieux, ce serait plutôt le contraire, comme on va le voir :

« Le bien ou le mal se moissonne,
» Selon qu'on sème le mal ou le bien. »

Il y a là une inversion de phrase qui veut que ces mots *ou le mal* soient placés entre deux virgules; c'est en effet comme s'il y avait : « Le bien se moissonne, ou le mal, etc. »

« Le fer, le bandeau, la flamme est toute prête. » (507.)

C'est *tout est prêt*, qu'il fallait dire après *flamme*.

« L'enfer, comme le ciel, prouve un Dieu juste et bon. » (508.)

Il y a là inversion de phrase, et les deux virgules y font en effet l'office d'une parenthèse : « L'enfer (comme le ciel) prouve, etc. »

« La vertu, ainsi que le savoir, a son prix. » (508.)

Phrase incorrecte ; il fallait dire : « La vertu a son prix ainsi (ou de même) que le savoir. »

« L'autruche a la tête, ainsi que le cou, garnie de duvet. » (509.)

Phrase vicieuse, et, pour le reconnaître, il n'y a qu'à substituer : *couverte* à *garnie*. Il fallait dire : « L'autruche a la tête garnie de duvet, ainsi que le cou ; ou plutôt mieux valait employer la conjonction *et*.

« *Ni l'un ni l'autre* exige le verbe au pluriel : *J'ai lu vos* » *deux discours ; ni l'un ni l'autre ne* SONT *bons*. » (511.)

Erreur : *ni l'un ni l'autre* est l'opposé de : *l'un et l'autre*, et mis pour *aucun d'eux ;* le verbe doit donc être mis au singulier, et en effet, on dirait : « ni ceci, ni cela ne me plaît, » et non pas « ne me plaisent ».

« Ni M. le duc ni M. le cardinal ne sera nommé ambassa- » deur. (512.) »

C'est là une phrase incorrecte ; il fallait dire : « On ne nommera ambassadeur ni, etc. »

« Après deux ou plusieurs infinitifs employés comme sujets, » le verbe se met au pluriel. » (513.)

Ce ou *cela* est toujours sous-entendu, et doit être, le plus ordinairement, placé après un ou plusieurs infinitifs commençant une phrase, et le verbe qui suit se met au singulier ou au pluriel, selon que le régime est au singulier ou au pluriel.

« Lire trop et lire trop peu, ce sont deux défauts. » C'est par abréviation que l'on dit : « sont deux défauts ».

« Être né grand et vivre en chrétien n'ont rien d'incompa- » tible. » (513.)

C'est là une phrase vicieuse ; il fallait en effet dire : « Être né grand et vivre en chrétien, cela n'a rien d'incompatible ; » ou bien : « il n'y a rien là d'incompatible ».

Le tort de la phrase critiquée est celui-ci : il faut la prononcer d'une seule émission de voix ; ce qui nuit un peu à sa clarté, un petit repos étant en effet nécessaire après le premier membre.

« Vivre et jouir seront pour lui la même chose. » (513.)

« Ce sera pour lui la même chose » paraît préférable ; de même que si l'idée était opposée, on dirait : « Vivre et jouir, ce seront pour lui deux choses différentes. »

« Bien écouter et bien répondre est une des plus grandes » perfections qu'on puisse avoir dans la conversation. » (514.)

Le verbe *être* est ici au singulier, par la raison qu'on ne pourrait pas dire : « Bien écouter et bien répondre, ce sont une des perfections, etc. ; » mais il eût mieux valu dire : « Bien écouter et bien répondre sont les deux plus grandes perfections, etc. »

« On dira avec le verbe *être* au singulier : C'EST *le travail et* » *l'application*, etc. » (516.)

Erreur ; car on dirait : « Ce sont le travail et la misère qui ont tué cet homme. » Ou plutôt, dans la phrase citée, le singulier convient en effet mieux que le pluriel, mais c'est parce que *travail* et *application* impliquent une seule et même idée, alors il faut retrancher la conjonction.

« Le verbe précédé d'un collectif qui a pour complément la » préposition *de*, et un substantif, s'accorde avec celui de ces » deux mots (collectif ou substantif) qui frappe le plus l'atten- » tion. » (517.)

Erreur ; le collectif veut toujours le verbe au pluriel : « La moitié des passagers n'*avaient* pas la force de s'inquiéter » (et non n'*avait*).

« La quantité de fourmis était si grande, qu'elle *détrui-* » *sait*, etc. » (517.)

Phrase vicieuse : ce n'est pas la quantité qui détruisait ; ce sont les fourmis en grande quantité. La faute est plus facile à reconnaître si l'on change la phrase : « Il y avait un si grand nombre de fourmis, qu'elles *détruisaient*, etc. »

« Une foule d'enfants *encombraient* (et non *encombrait*). — Un déluge de pleurs *inondaient* (et non *inondait*) (517). »

« 518. »

Les quatre exemples cités sous ce numéro sont tous vicieux : nous n'en reproduirons qu'un :

« La moitié des troupes qui firent la guerre périt de misère. »

Si l'on met *soldats*, à la place de *troupes*, on verra bien clairement qu'il faut *périrent*, et non *périt;* pour que le verbe *périr* fût au singulier, il faudrait que l'on dît : « Une moitié des, etc. »

« La totalité des hommes *redoute* la mort. » (519.)

C'est *redoutent* qu'il faut écrire.

« La multiplicité des chefs mit parmi les Phéniciens une con- » fusion qui accéléra leur perte. » (519.)

Multiplicité implique ici une espèce d'unité; c'est en effet comme s'il y avait : « Une multiplicité, un excès dans le nombre des chefs, mit, etc. »

« La totalité des enfants, incapable de prévoyance, ne voit » que le présent. » (523.)

La *totalité des enfants*... c'est comme s'il y avait : « Tous les enfants, incapables de prévoyance, ne voient que le présent. »

« C'est l'un et l'autre qui méritent des éloges. » (524.)

Il faut dire : « Ce sont l'un et l'autre, etc. » (« l'un et l'autre méritent des éloges », serait préférable).

« Ce n'est ni l'un ni l'autre qui sont coupables. » (524.)

Double faute : il fallait d'abord le second verbe au singulier, et non au pluriel; puis le subjonctif, plutôt que l'indicatif présent. On ne dirait point, en effet : « Ce n'était ni l'un ni l'autre qui était coupable. »

« Ce n'est ni la fortune ni le rang qui *font* le bonheur. » (524.)

Qui *fasse*, fallait-il dire.

« Les hypocrites parent des dehors de la vertu les vices » les plus honteux et les plus décriés. » (530.)

Il y a là une évidente inversion de phrase qui appelle nécessairement des virgules : « Les hypocrites parent, des dehors de la vertu, les vices, etc. »

« Les verbes passifs demandent pour complément les prépo- » sitions *de* et *par* : — *de*, quand ils expriment un mouvement » de l'âme; *par*, lorsqu'ils signifient une action à laquelle l'es- » prit ou le corps a seul part. » (534.)

Cette explication peut être fort ingénieuse; mais il en est une autre plus simple, et peut-être plus exacte, c'est celle-ci : *Par* est le complément ordinaire du verbe passif (pour parler comme MM. Noël et Chapsal), et ce n'est que pour l'élégance de la phrase qu'on le remplace, en certains cas, par *de*.

« Naître, mourir, etc., prennent l'auxiliaire *être*, quoique » l'action qu'ils expriment exige le verbe *avoir;* mais l'usage » en a décidé autrement.» (538.)

Est-ce que, par hasard, on pourrait dire, à la place de : « je suis né, j'ai né »; de : « je suis mort, j'ai mort ».

« Le trait a parti avec impétuosité » (538.)

On ne dit pas plus, ce semble, *j'ai parti* que *j'ai venu.*

« A ces mots, ce héros expiré n'a laissé, etc.» (546.)

Ce héros expiré. . Il y a là moins qu'une licence poétique, c'est-à-dire que, même dans le langage ordinaire, cette locution serait préférable à celle-ci : *ayant expiré;* il y a, en effet, avec la même clarté, plus de mouvement dans la première phrase que dans la seconde.

« C'est la seule place où vous puissiez aspirer.» (564.)

« A laquelle vous puissiez aspirer, » devait-on dire; est-ce qu'en effet on dirait : « C'est la seule place où vous puissiez ambitionner? »

« Conduisez-vous de manière que vous obteniez l'estime des honnêtes gens.» (570.)

Phrase vicieuse. Il fallait au moins dire : « Conduisez-vous de telle manière que vous obteniez, etc.; » mais *de manière à obtenir*, serait préférable.

« La comédie est faite pour rire; la nuit se passa sans » dormir.» (582.)

Ces locutions ne devraient pas être autorisées; on doit dire en effet : « La comédie est faite pour exciter le rire; nous passâmes la nuit sans dormir. »

Nous pourrions signaler encore des défectuosités dans la Grammaire de MM. Noël et Chapsal; nous nous en tiendrons là.

Les principales, répétons-le, tiennent :

D'un côté, à une appréciation erronée du langage dans son but, appréciation qui transforme en affirmation ou jugement ce qui n'est qu'une indication de mouvement ou d'action : méprise évidente sur le rôle du verbe;

Et, d'un autre côté, à l'importance ignorée du rôle de la ponctuation dans notre langue.

Et pour nous résumer sur ce point de notre œuvre, disons, à l'adresse de l'Académie, qu'une grammaire conçue sur un bon plan et bien développée dans toutes ses parties, donnerait probablement, et sans que l'avénement en fût trop éloigné peut-être, les résultats que voici :

Exhaussement du niveau général des Intelligences ;

Rectitude augmentée des idées et du jugement de chacun ;

Et, par suite, amélioration morale de notre espèce, en ce qu'alors l'enfant, devenant adulte, se trouverait tout préparé pour comprendre aisément la nouvelle science que nous allons inaugurer sous le nom de *taxiologie*.

DE LA TAXIOLOGIE.

L'ordre est le point culminant, la partie capitale de l'univers, l'espace et le temps n'en étant, pour ainsi dire, que des parties accessoires. L'ordre est, en effet, universel en tous sens, c'est-à-dire infini comme l'espace et éternel comme le temps. En d'autres termes, l'ordre est l'existence éternelle du règne minéral dans ses immenses individualités et dans leurs évolutions respectives, soumises à des lois d'une précision et d'une infaillibilité absolues — et l'existence fugitive, mais perpétuelle par transmission, du règne animal et du règne végétal, dans leurs individualités si variées de formes et si considérablement multipliées, soumises, elles aussi, à d'infaillibles et immuables lois.

L'ordre, à ce point de vue, échappe complétement à la conception de l'homme, et l'universilogie est conséquemment une science hors de son domaine.

Il en est autrement de l'ordre dans son application à notre espèce, et c'est à la science qui traite de cette partie de l'ordre, que nous donnons le nom de *taxiologie :* mine bien riche à exploiter.

La taxiologie assigne d'abord, aux autres sciences, le principe unique dont chacune d'elles relève.

La théologie et la philosophie s'absorbent, s'anéantissent dans la taxiologie ; nous n'avons donc rien à en dire.

Nous ne dirons rien non plus du principe ethnologique.

Nous nous arrêterons, et seulement un instant, à la morale considérée comme science, en répétant tout d'abord que la grande règle : *Ne pas faire à autrui*, etc., regardée comme le principe de cette science, implique, en réalité, ceci : ne pas s'écarter de l'ordre — ou bien : se conformer à l'ordre.

Pour concourir à l'ordre universel, dans le rôle qu'il a à y jouer, l'homme a été doué de conscience et d'intelligence.

Deux choses seraient nécessaires pour l'entière efficacité de ce concours : il faudrait que l'espèce humaine se considérât comme une seule et même famille (« Vous êtes tous frères, » nous a dit Jésus-Christ, il y a dix-huit cents ans) — et qu'elle en revînt, pour ainsi dire, à l'état de nature, enrichi de tous les avantages et affranchi de tous les défauts de la civilisation.

La conscience, dans son rôle complet chez chaque membre de l'humanité, amènerait infailliblement cet état de choses, qui, cependant (il y a du moins, à ceci, grande probabilité) n'aboutira jamais.

Mais loin de former cette famille homogène et vivant dans l'union, l'espèce humaine se divise en nations distinctes, que l'on ne peut pas même appeler de grandes familles, et entre lesquelles, au contraire, se produisent, fréquemment, de grandes collisions ; ou plutôt, l'état de guerre est permanent chez l'espèce humaine, tantôt sur un point du globe, tantôt sur un autre, quand l'état de guerre est la déviation la plus inconcevable de l'ordre universel.

S'il n'y avait encore que les guerres, qui sont cependant chose si terrible! mais il y a dans le monde — avec l'état social actuel — une guerre générale et inévitable d'hypocrisie, qui est l'annulation complète des consciences.

La pensée, c'est-à-dire l'homme intellectuel ou moral, ne peut se manifester que par la parole : quand la parole n'est pas la manifestation franche de la pensée, quelle chose sont-ce que les relations sociales?

Du reste, quand le vrai rôle de l'humanité devrait être tout de dévouement ; l'ordre social régnant, crée un égoïsme et, par conséquent, un antagonisme universels ; et que peut être, pour l'homme, dans ces conditions, ce que l'on appelle bonheur?

Si un même ordre social, embrassant le genre humain tout entier, est une chose irréalisable, l'ethnologie indique ce à quoi doivent tendre les directeurs des nations pour que la condition de l'homme réponde à sa vraie destination : or, quelle est cette destination? quel est le but de l'existence humaine? C'est, comme individu : de vivre conformément à l'ordre universel (ce qui veut dire : se maintenir en santé); d'obéir à ses vocations (quand elles n'ont rien de répréhensible), et, surtout, de suivre les inspirations de la conscience — et, comme espèce, c'est de se reproduire ; puis d'agrandir le domaine de l'intelligence, et d'augmenter, ainsi, le cadre des jouissances morales.

Nous l'avons dit, et nous le répétons : l'exercice et la sobriété sont des conditions assurées de santé physique ; le développement des inclinations inoffensives — une cause assurée de jouissance morale; mais la conscience — cette émanation directe de l'ordre universel ; cette partie intégrante de nous-même ; cette seule vraie source de toute dignité : voilà ce qui doit être le grand moteur de nos actions. L'homme, en effet, qui rompt avec sa conscience — qu'il soit riche ; qu'il soit puissant — cet homme n'a plus l'existence que la nature lui destinait ; il y a là suicide moral; ou, plutôt, comme la conscience ne peut jamais être complétement étouffée, il y a assassinat moral, incessant, commis sur soi-même. En d'autres termes, l'homme sans conscience est en révolte ouverte et permanente contre l'ordre universel, et, par là, non-seulement il se montre indigne du nom d'homme, mais il se ravale jusqu'à descendre de beaucoup au-dessous de la brute, qui, elle du moins, reste dans les conditions que la nature lui a faites.

De tous les êtres animés, l'homme est seul appelé à jouir du spectacle de l'ordre universel; c'est là assurément un grand privilége accordé à notre espèce, et dont chacun de nous devrait chercher à se montrer digne.

Respecter cet ordre lui-même est, sans contredit, la première condition qui nous soit imposée, et c'est pour cela que la conscience fait, pour ainsi dire, partie de notre essence.

Si, dans quelques rares contrées de la terre, des peuplades

poussent la férocité jusqu'à l'anthropophagie, il faut voir là comme un anneau qui rattache notre espèce à l'animal proprement dit.

Dans l'état de civilisation, l'intelligence chez l'homme est, plus ou moins, développée. Méconnaître l'ordre, dans le premier cas, c'est un crime de lèse-philotaxie, au premier chef; dans le second cas, l'homme est encore coupable, parce que la voix de la conscience se fait toujours entendre comme écho de l'ordre universel ; seulement l'homme inintelligent peut n'être coupable qu'à titre d'écho infidèle, tandis que l'autre l'est sciemment, volontairement; et manquer ainsi à sa conscience, à son intelligence, c'est manquer à sa propre nature; c'est substituer un monstre moral à une créature née pour être en rapport constant avec l'ordre universel. (Combien, hélas! est considérable et le sera toujours le nombre des monstres moraux!)

Jamais on ne doit se séparer de sa conscience, et plus on est élevé dans la hiérarchie sociale, plus la conscience doit avoir, pour ainsi dire, de consistance et d'intensité ; aussi le rôle de la magistrature, par exemple, et bien plus encore celui des souverains, nous paraissent-ils, à ce compte, un poids bien lourd à porter ; mais ce sont là des questions revendiquées par l'ethnologie, et nous lui laissons le soin de les traiter.

En jugeant, au point de vue de la taxiologie, l'histoire des peuples et les romans, on reconnaît : que l'histoire est le recueil exclusif des infirmités morales de l'espèce humaine (évidemment, en effet, les peuples dont l'existence serait conforme à l'ordre universel offriraient très peu d'éléments à l'histoire), et que, comme le roman est une histoire individuelle ou particulière, purement imaginaire, c'est-à-dire vouée exclusivement à la fiction, quand l'homme devrait toujours avoir la vérité pour guide, la lecture habituelle de romans n'est autre chose que l'enfance de l'homme continuée dans sa virilité.

Et en jugeant, au même point de vue, ce que l'on appelle, pour l'homme, sa dualité de nature, on reconnaît, si l'on s'arrête à la phrénologie et à l'énorme puissance de la mémoire, que notre seconde nature n'est et ne peut être que la conscience et l'intelligence réunies, qui, dans leur rôle complet chez nous tous, ferait à notre espèce une condition sociale conforme à l'ordre universel, c'est-à-dire entièrement opposée à celle actuelle, et impliquant, pour chacun de nous, une somme de bonheur propre à justifier notre apparition sur la terre, la vie normale de l'homme devant être en effet plutôt un bien qu'un mal.

En résumé, la conscience en paix, la conscience tranquille : voilà la vie normale, la vie heureuse, la véritable existence ; ce à quoi l'on arrive par la pratique constante des enseignements de l'ordre universel. Quand, au contraire, on s'écarte de cette pratique, la vie est troublée, agitée de remords ; l'existence est malheureuse, anormale, ou plutôt c'est un enfer, parce qu'alors on a commis le plus grand de tous les crimes, qui peut être appelé : crime de lèse-univers.

La taxiologie, dirons-nous, en finissant, nous apprend, de sa sphère élevée, ces deux choses si importantes : que là où il n'y a pas de conscience, l'homme a disparu, l'homme n'est plus, et que, pour l'homme, un travail, un exercice sérieux, appliqué, rentre, comme la conscience, dans les conditions de sa nature : dès lors les deux grandes bases de l'éducation doivent être, la culture des consciences et l'habitude du travail. Voilà, en effet, ce qui constitue l'homme, et comme santé morale, et comme santé physique : ces deux points de raccord avec l'ordre universel ; et si nous insistons tant sur la conscience, c'est qu'elle est le point capital de l'existence humaine, dans la vie sociale.

ÉPILOGUE.

Adieu, lecteur ; la tâche qu'en débutant nous annoncions avoir entreprise, nous la croyons en effet remplie (bien imparfaitement sans doute). Voici, du moins, ce que nous nous étions proposé d'établir, de constater :

Il y a deux mondes pour l'homme : un monde matériel, et un monde intellectuel.

Les individualités du monde matériel offrent une très grande diversité de formes, à quoi viennent se joindre des consistances ou manières d'être variées, et, pour certaines individualités, des mouvements également variés.

Les individualités intellectuelles, création de l'esprit, sont investies, par une espèce d'assimilation, de mouvements et de consistances.

Les rapports entre individualités constituent, déterminent le langage : or, qui dit rapport, dit mouvement ; le mouvement est donc bien la base du langage ; et cela se reconnaît surtout dans ce que l'on appelle narration.

Les paroles ne sont pas tout dans le langage : les pauses de la voix et ses différentes inflexions sont une partie essentielle des langues ; ce qui fait de la ponctuation une véritable science.

Enfin, et pour ce qui est raisonnement, il faut prendre les choses de haut, c'est-à-dire s'inspirer toujours de l'ordre universel, et, en se plaçant à ce point de vue, un auteur, quelque sujet qu'il traite, est toujours sûr d'arriver juste. (Si ce système avait toujours été bien compris, combien d'écrits de toutes sortes fussent restés dans le néant!)

Et pour ce qui en est de l'enseignement logique du langage : L'intelligence, avons-nous dit, est faible chez l'enfance; or une grammaire fort simple doit être son premier guide.

D'un autre côté, il y a diversité de goûts chez l'espèce humaine, et tout ce qui se rapporte à nos goûts, se grave très facilement dans notre mémoire; or on a plus à s'occuper de l'intelligence que de la mémoire, chez les enfants.

Quand arrive la jeunesse chez l'homme, bien préparé qu'il est déjà pour la logique (car c'est à cela que doit tendre une grammaire bien entendue, bien graduée), l'ordre lui est enseigné, dans son application supérieure au langage, sous ce nom de logique; c'est-à-dire que la logique enseigne le raisonnement, ou ce que l'on appelle déduction, la grammaire devant se borner à enseigner la narration ou le langage proprement dit.

Puis l'ordre, dans son ensemble, est traité par la taxiologie.

Nota. — Peut-être, un jour, parlerons-nous plus au long de la taxiologie; mais nous laissons à d'autres le soin de compléter ce que nous n'avons fait qu'ébaucher en grammaire et en ponctuation; et, comme stimulant, nous dirons que nos livres et nos journaux renferment, à ce double point de vue, un certain nombre de défectuosités.

QUESTION PERSONNELLE.

Un dernier mot.

Pouvais-je prendre, comme je l'ai fait, le titre d'ancien notaire?

Cette question, je l'évoque, non quant à moi (ma conscience m'en dispense), mais pour ma famille, pour la famille à laquelle je m'étais allié, et surtout à raison de mon titre de père.

J'ai été en effet notaire, et je l'ai été dix-sept ans et demi, dans une petite localité que je continue d'habiter; mais au bout de ce temps, la menace d'une poursuite disciplinaire m'a déterminé à vendre mon étude.

(Il s'agissait uniquement de minutes confiées à mon prédécesseur, ou, si l'on veut, à ses mandataires, pour des expéditions arriérées, c'est-à-dire que quelques-unes de ces minutes s'étant trouvées adirées par le fait de l'infidélité de l'un des mandataires, le parquet y a vu une grave incurie de ma part. Quoi qu'il en soit, et au point de vue de la taxiologie, il y a là, quant aux résultats, pour mon prédécesseur en particulier, une telle responsabilité morale, que j'en suis presque à désirer qu'elle ne soit pas comprise des intéressés; quant à la responsabilité matérielle, elle m'a échappé d'une manière que je pourrais qualifier très sévèrement.)

Neuf mois après la cessation de mes fonctions, des élections municipales, générales, ont lieu dans notre petite ville; il y a 173 votants. Au premier tour de scrutin, le premier conseiller sorti de l'urne réunit 137 voix, et le second 134 : le second, c'est moi.

Je demande à la chambre des notaires de mon arrondissement le titre de notaire honoraire, mais sans réunir les conditions matérielles voulues. La chambre veut bien, tout en repoussant ma demande, s'exprimer ainsi par l'organe de son rapporteur (ce dont je la remercie publiquement ici) :

« ..... La chambre tout entière, en reconnaissant l'honorabilité et la délicatesse avec lesquelles M. R... a rempli ses fonctions, lui a donné une preuve de sympathie et de bon vouloir en faisant une démarche auprès de M. le procureur impérial, duquel elle avait obtenu la promesse qu'aucune suite ne serait donnée à l'affaire qui a motivé le retrait de M. R...

» ..... Malgré toute l'honorabilité dont M. R... a constamment fait preuve, a dit encore la chambre, il n'est pas dans les conditions prescrites pour obtenir le titre de notaire honoraire. »

J'écris aux deux membres du parquet de mon temps, pour leur demander si je peux me parer publiquement du titre d'ancien notaire (une quasi-destitution semble une quasi-annulation du titre qui avait été conféré). Une seule réponse m'arrive, où l'on me dit : « Vous pouvez, sans aucun inconvénient, vous qualifier d'ancien notaire. »

Quant à M. le procureur ....., qui, comme son collègue, avait alors changé de Cour, et qui ne pouvait plus ainsi avoir avec moi d'autres rapports que ceux de particulier à particulier, il m'a fait dire, par l'intermédiaire de mon juge de paix, qu'il n'avait rien à me répondre : je ne sais ni si c'est là un silence calculé, ni comment l'interpréter.

La question pendante avait bien, on le voit, sa raison d'être et se présentait tout naturellement.

Ai-je eu raison de penser que je pusse la trancher par l'affirmative?

www.ingramcontent.com/pod-product-compliance
Ingram Content Group UK Ltd.
Pitfield, Milton Keynes, MK11 3LW, UK
UKHW021114260726
13994UKWH00002B/886